基于竞争优势的
藏药产业发展战略

陈维武 著

中国纺织出版社有限公司

图书在版编目（CIP）数据

基于竞争优势的藏药产业发展战略 / 陈维武著 . -- 北京：中国纺织出版社有限公司，2020.8

ISBN 978-7-5180-7711-3

Ⅰ.①基… Ⅱ.①陈… Ⅲ.①藏药—制药工业—产业发展–发展战略–研究–中国 Ⅳ.① F426.77

中国版本图书馆 CIP 数据核字（2020）第 140492 号

责任编辑：樊雅莉　　责任校对：江思飞　　责任印制：王艳丽

中国纺织出版社有限公司出版发行

地址：北京市朝阳区百子湾东里 A407 号楼　邮政编码：100124

销售电话：010—67004422　传真：010—87155801

http : //www.c-textilep.com

中国纺织出版社天猫旗舰店

官方微博 http : //weibo.com/2119887771

三河市宏盛印刷有限公司印刷　各地新华书店经销

2020 年 8 月第 1 版第 1 次印刷

开本：787×1092　1/16　印张：10.75

字数：201 千字　定价：78.00 元

凡购本书，如有缺页、倒页、脱页，由本社图书营销中心调换

前言

药品是疾病防治的主要物质基础。虽然当前现代药（化学药和生物药）是临床治疗的主流用药，但由于慢性病发病率快速增加、病毒性传染病频发等原因，世界范围内对传统医药的需求在持续增加。藏医药已有3800年的应用历史，有独特的医药理论和治疗技术，在脑卒中、痛风等一些特色疾病的治疗中体现出很高的临床价值，但藏药在全国临床应用并不广泛，产业规模只有50多亿人民币。因此，本文从发挥藏药优势、满足临床用药需求的角度，提出了藏药产业的发展战略。

本文经对33位藏医的问卷调研，结合藏药临床研究文献分析，发现藏药的临床优势主要体现在安全性好、疾病治疗后不易复发，其优势治疗领域是消化系统疾病、骨骼肌肉系统疾病、神经系统疾病、心脑血管疾病等，优势病种包括脑梗死、类风湿关节炎、骨性关节炎、痛风、失眠和功能性消化不良等多种常见病。同化学药或中药相比，藏药在这些疾病治疗上有一定的有效性和（或）安全性的优势，在中风后遗症、骨性关节炎、扭挫伤等疾病治疗中还有一定的经济性优势。

在上述藏药治疗优势研究结果的基础上，本文参考波特关于产业竞争优势的相关要素对藏药产业的内外部环境进行SWOT分析。研究发现与现代药和中药相比，藏药产业在外用药、知识资源、政府政策等方面具有一定优势，在藏医药传统知识的利用以及产业的知识创新能力和创新产出方面存在一定劣势。基层医疗和消费者对传统药和中医药适宜技术的需求增长为产业发展带来一定机会，但产业也面临着外部的不适宜监管政策以及医改对传统药要求提升等因素的威胁。研究还发现，藏药产业具有中低技术产业的特点。其主体市场是内地的综合医院，藏药已上市品种的治疗领域主要集中在消化系统、骨骼肌肉系统和神经系统三大疾病领域，其中骨骼肌肉系统用药的产业基础要好于其他两个领域。

根据对藏药产业现状和竞争态势的分析结论，经过对不同战略组合模式SO、ST、WO、WT的比较，本文提出藏药产业发展的近期和中长期发展战略。①近期以在细分领域培育有治疗优势的核心产品的聚焦战略为主，选择骨骼肌肉系统、神经系统、消化系统疾病领域有竞争优势的差异化细分领域，以满足未被满足的需求为目标，集中培育有一定竞争优势的潜力藏药品种。②中长期以持续开发新产品满足新增健康需求，包括新药、辅助设备和特色藏药材的深度健康品开发为主。③另外，通过政府政策支持和强化产业创新的基础性工作夯实藏药产业发展的根基，加大对藏药创新和产业发展的准入、财力、人力方面的扶持力度，加强对产业协同和公共知识平台的建设，加强标准化和药材培育。

要成功实施上述战略，核心是将藏医药的传统知识资源和产品资源转化为藏药临床治疗优势进而铸就藏药的产业竞争优势。本文借鉴野中裕次郎的知识创新理论，探讨藏医药传统知识的知识转化和知识创新的理论依据、实施路径和具体方法。研究发现，以企业为核心的知识转化是消除藏药产业"医药分工"导致的"知识断层"、将隐性的知识资源转变为藏药临床优势和产业发展优势的关键。这种知识转化受语言、知识共享、创新协作、利益分派、知识冗余等因素的影响，是一种跨组织、跨文化、多程的转化，藏医医疗—企业—现代医疗是其核心链条。它具有跨藏、中、西三种医学知识体系、以藏药现代临床应用为目标的特点，"药学固化传承、医学转化应用"是其基本模式，转译、转换和宜化是其中的重要环节。医学知识的应用转化可以通过"病—病转化""病—症—证转化""临床—基础—临床转化""组合—单—转化""藏—中转化"等不同的方式、方法的组合来实现。基于上述知识创新方法，结合中低技术产业的渐进性技术创新思路，本文规划了实现藏药优势品种的二次开发、"类原始创新"的新药开发、基层医疗和家用藏医设备开发等战略目标的产业创新路径。对经典藏药青鹏软膏的实证研究也证实了通过该策略将传统藏药培育成在细分领域有一定临床治疗优势的藏药品种的可行性。

著　者
2020 年 9 月

Preface

Drugs are the main material basis for disease prevention and treatment. Although modern drugs (chemical drugs and biological drugs) are the mainstream drugs for clinical treatment at present, due to the rapid increase in the incidence of chronic diseases, the frequent occurrence of viral infections disease, the worldwide demand for traditional medicine continues to increase. With a history of 3,800 years of application, Tibetan medicine has unique medical theories and treatment techniques, and is of high clinical value in the treatment of some characteristic diseases such as stroke and gout. However, it is not widely used in clinical practice, and the industry scale is only over 5 billion RMB. Therefore, from the perspective of giving full play to the competitive advantages of Tibetan medicines and meeting the needs of clinical medication, the research objectives of the industry development strategy based on the competitive advantages of Tibetan medicines are put forward.

Based on a questionnaire survey of 33 Tibetan medicine practitioners and an analysis of clinical research literature on Tibetan medicine, this paper finds that the clinical advantages of Tibetan medicine are mainly reflected in its good safety and difficulty in recurrence after treatment. Its dominant therapeutic areas are digestive diseases, skeletal musculoskeletal diseases, neurological diseases, cardiovascular and cerebrovascular diseases, etc., and its dominant diseases include cerebral infarction, rheumatoid arthritis, osteoarthritis, gout, insomnia, functional dyspepsia and other common diseases. Compared with traditional Chinese medicines or western medicines, Tibetan medicines have certain advantages in efficacy and/or safety in the treatment of these diseases, and have certain economic advantages in the treatment of apoplexy sequelae, osteoarthritis, contortions and other diseases.

On the basis of the above research results on the advantages of Tibetan medicine treatment, this paper makes a SWOT analysis of the internal and external environment of the Tibetan medicine industry by referring to porter's relevant factors of industrial competitive advantages. The study found that compared with modern medicine and Traditional Chinese medicine, The Tibetan medicine industry has certain advantages in drugs for external use, knowledge resources, government policies and other aspects, and has certain disadvantages in the utilization of traditional Tibetan medicine knowledge, knowledge innovation ability and innovation output of the industry. The growth of primary medical care and consumers' demand for traditional medicine and traditional Chinese medicine technique has brought some opportunities, but the industry is also faced with the threat of inappropriate external regulatory policies and the improvement of requirements for traditional medicine by medical reform. The study also found that the Tibetan medicine industry has the characteristics of a medium-low technology industry, and its main target market is general hospitals in national wide. The treatment of listed Tibetan medicine varieties mainly focuses on three major fields, namely digestion, skeletal muscle and nervous disease system, and the industrial basis of musculoskeletal system Tibetan medicine is better than the other two fields.

Based on the analysis of the current situation and competitive situation of Tibetan medicine industry and the comparison of different strategic combination modes SO, ST, WO and WT, this paper proposes the strategies for the near-term and medium-and long-term development of Tibetan medicine industry. In the near future, we will focus on the strategy of cultivating core products with therapeutic advantages in subdivided fields. We will select the differentiated segments and dominant diseases with competitive advantages in the fields of skeletal muscle diseases, nervous system diseases and digestive diseases. With the goal of meeting unmet needs, we will concentrate on cultivating potential Varieties of Tibetan medicines with certain competitive advantages. In the medium and long term, the industry will continue to develop new products to meet the new health needs, including the development of new drugs, auxiliary equipment and health products of characteristic Tibetan medical material. Furthermore, we will strengthen the foundation for the development of the Tibetan medicine industry through government policy support and industrial infrastructure construction. Policies should be strengthened in terms of access, financial resources and manpower support for the innovation and industrial development of Tibetan medicine, industrial coordination and public knowledge platform construction should be strengthened, and standardization and cultivation of medicinal materials should be strengthened.

To successfully implement the above strategy, the core is to transform traditional knowledge and product resources of Tibetan medicine into advantages in clinical treatment of Tibetan medicine and thus build up competitive advantages in the Tibetan medicine industry. Drawing on the knowledge innovation theory of Yujiro Nonaka, this paper studies and discusses the theoretical basis, implementation path and specific methods of enhancing industrial competitive advantage through knowledge transformation and knowledge innovation of traditional Tibetan medicine knowledge. It is found that the division of labor of medicine in Tibetan medicine industry leads to "knowledge fault" in the industry chain, and enterprise-oriented knowledge transformation is the key to eliminate such fault and transform tacit knowledge resources into clinical advantages of Tibetan medicine and industrial development advantages. Such knowledge transformation is influenced by language, knowledge sharing, innovation collaboration, benefit distribution, knowledge redundancy and other factors, is a kind of across organization, cross-cultural, the transformation of multi-routines, with the value chain of Tibetan medical-enterprise-Modern medical being the key chain. It has the characteristics of crossing the three medical knowledge systems of the Tibetan medicine, the Chinese medicine and the Western medicine and aiming at the modern clinical application of Tibetan medicine.

"The medicine curing inheritance, transformation and application of medicine" is the basic mode, and translation, transformation and adaptation are important steps. The application and transformation of medical knowledge can be realized through the combination of different ways and methods, such as "disease-disease transformation", "disease-symptom-syndrome transformation", "clinical-basic-clinical transformation", "combination-single transformation", "Tibetan medicine to traditional Chinese medicine transformation" and so on. By using the above knowledge innovation methods and combining the characteristics of the Tibetan medicine industry with gradual technological innovation, this paper plans industrial innovation paths to realize strategic goals such as the secondary development of advantageous varieties of Tibetan medicine, the development of new drugs with "quasi-original innovation", and the development of grass-roots medical treatment and household Tibetan medicine equipment. The empirical study on classical Tibetan medicine Qingpeng Ointment also confirmed the feasibility of cultivating traditional Tibetan medicine into a kind of Tibetan medicine with certain clinical advantages in subdivided fields through this strategy.

目录

第一章 绪论 ··· 1

  1.1 研究背景 ·· 1

    1.1.1 传统医药的重要性日益凸显 ··· 1

    1.1.2 藏医药是我国传统医药的重要组成部分 ··························· 1

    1.1.3 藏药呈现出独特的应用价值 ··· 2

  1.2 研究目的和意义 ··· 4

  1.3 藏药产业相关研究综述 ·· 5

    1.3.1 关于藏药治疗优势的相关研究 ······································ 5

    1.3.2 关于藏药产业发展策略的相关研究 ································ 6

  1.4 研究方法和技术路线 ··· 7

    1.4.1 研究方法 ·· 7

    1.4.2 技术路线 ·· 8

  1.5 主要研究内容 ··· 10

  1.6 主要创新点 ·· 11

  参考文献 ··· 12

第二章 相关理论综述 ··· 15

  2.1 产业竞争优势理论综述 ·· 15

    2.1.1 比较优势理论 ·· 15

    2.1.2 产业竞争优势理论 ·· 16

  2.2 关于创新理论的综述 ··· 17

    2.2.1 熊彼特创新理论 ··· 18

    2.2.2 知识创新理论 ·· 18

    2.2.3 中低技术产业的技术创新理论 ··································· 20

2.3	SWOT 分析法	21
2.4	小结	22
参考文献		23

第三章 藏药产业的 SWOT 分析 26

3.1 藏药在临床治疗上的优劣势分析 26
- 3.1.1 特色藏医理论带来的藏药对疑难疾病的治疗优势 26
- 3.1.2 藏医特色外治法带来的独特的疾病防治效果 27
- 3.1.3 藏药对临床常见慢性、多发性疾病的治疗优势 28
- 3.1.4 藏药对部分临床常见疾病的经济性优势 35
- 3.1.5 藏药在现代临床应用方面还存在很多不足 36

3.2 基于藏药产业竞争核心要素的 SWOT 分析 39
- 3.2.1 藏药产业在生产要素方面的优劣势分析 39
- 3.2.2 藏药产业在产业创新方面的优劣势分析 48
- 3.2.3 相关需求和政策带来的外部机会 56
- 3.2.4 相关需求变化和政策带来的威胁 62
- 3.2.5 藏药产业的其他要素分析 67

3.3 小结 67
参考文献 69

第四章 藏药产业发展战略的制定 76

4.1 藏药产业发展状况回顾 76
- 4.1.1 藏药产业发展战略模式回顾 76
- 4.1.2 藏药产品文号资源盘点 80
- 4.1.3 藏药产业的市场概况 84
- 4.1.4 藏药 4 大治疗领域的竞争态势和相对优势 87

4.2 藏药产业发展战略选择 91
- 4.2.1 SO 战略组合 92
- 4.2.2 ST 战略组合 93
- 4.2.3 WO 战略组合 93

4.2.4　WT战略组合 94
　　　4.2.5　基于竞争优势的藏药产业发展战略总结 95
　4.3　知识转化是藏医药知识资源转变为产业竞争优势的关键 96
　　　4.3.1　藏医药知识转化和知识创新的内涵 96
　　　4.3.2　藏医药知识转化消除医药产业分工带来的"知识断层" 97
　　　4.3.3　藏药产业链上的跨组织知识转化 99
　　　4.3.4　藏医药知识转化的特点 101
　　　4.3.5　以明晰藏药临床价值为目标的知识转化方法 102
　　　4.3.6　藏医药知识转化的3个关键环节 106
　　　4.3.7　影响藏医药知识转化效率的因素 109
　4.4　小结 110
　参考文献 110

第五章　基于竞争优势的藏药产业发展战略的实施路径 112

　5.1　培育核心生产要素形成产业竞争优势 112
　　　5.1.1　集中力量培育优势品种 112
　　　5.1.2　选择有藏药竞争优势的差异化细分领域 114
　　　5.1.3　发育新渠道营销能力 115
　　　5.1.4　强化其他关键生产要素建设 115
　5.2　加强产业创新，巩固产业竞争优势 117
　　　5.2.1　藏药产业创新的策略 117
　　　5.2.2　通过知识创新提升已上市产品的临床价值 119
　　　5.2.3　基于知识创新的"类原始创新药物"研发 122
　　　5.2.4　外治类产品技术创新 127
　　　5.2.5　藏药大众健康领域的创新 136
　5.3　优化政府政策，提升产业竞争优势 137
　　　5.3.1　推动藏药在国家和地方的市场准入 137
　　　5.3.2　积极探索以满足市场需求为目的的区域性政策 139
　　　5.3.3　加大藏文化传播力度，提高公众对藏医药的接受度 139
　5.4　重点品种的竞争优势培育实证研究——以藏药青鹏软膏为例 140
　　　5.4.1　青鹏软膏的历史沿革 140

  5.4.2 渐进性技术创新促进产品产业化 ·················· 141
  5.4.3 藏医特色理论引导下的医学转化和知识创新 ············ 143
 5.5 小结 ································· 147
 参考文献 ································· 147

第六章 结论和展望 ····························· 150
 6.1 主要研究结论 ···························· 150
 6.2 展望 ································ 151

附录 ··································· 153
 附件1 藏医药、优势领域和优势病种调研问卷 ·············· 153
 附件2 群众对藏药的了解程度调查 ···················· 155

致谢 ··································· 158

第一章
绪论

1.1 研究背景

1.1.1 传统医药的重要性日益凸显

药品是疾病防治的主要物质基础,药品包括传统药和现代药[1]。传统药泛指不同文化背景族群传统使用的药物,在欧洲、北美的一些国家,传统药又被称为植物药或天然药物。随着现代医药工业和现代临床医学的快速发展,现代药(化学药和生物药)逐步取代传统药成为世界范围内临床治疗的主流用药,传统药则渐渐退居次要地位。2017年现代药已经占据我国医药市场80%左右的份额[2]。

随着心脑血管疾病、恶性肿瘤、慢性呼吸系统疾病、糖尿病、神经退行性疾病等慢性疾病的发病率、患病率的快速上升,世界范围内对传统医药的需求开始持续增加。前WHO总干事陈冯富珍博士2013年指出"质量、安全性和疗效有保证的传统药物有助于实现确保人人获得卫生保健的目标"[3]。据WHO《传统医学战略2014—2023》统计,在欧洲有1亿多人在使用传统医药,其中20%的人定期使用;2009年韩国用于传统医学的年度开支比2004年增长68%,达到74亿美元;而在美国,天然产品的自费开支在2008年已高达148亿美元[3]。2000年以来国际植物药市场发展也要快于化学药市场,植物药市场销售量年均增长10%~20%,而同期世界药品市场的增长率5%~9%[4,5]。与此同时,各种新的病毒性传染性疾病如非典型性肺炎、甲型流感、禽流感、新型冠状病毒疾病等的屡屡爆发,传统药防治病毒性疾病的作用也一再引起人们的关注,成为有效抗病毒药物缺乏时的唯一可依赖的药物[6]。

1.1.2 藏医药是我国传统医药的重要组成部分

我国的传统医药包括中医药、民族医药和民间医药3个部分[7]。2016年12月25日十二届全国人大常委会第二十五次会议审议通过的《中华人民共和国中医药法》（以下简称中医药法）中明确规定"本法所称中医药，是包括汉族和少数民族医药在内的我国各民族医药的统称"。因此，民族医药又属于广义的中医药的一部分。民族医药，是指中国少数民族的传统医药，其中包括各民族医药学理论、医疗经验和药物[8]。我国56个民族中，多个民族有自己独特的民族医药体系，其中又以藏医药、蒙医药、维医药因为有独立的语言文字和完善医药传承等较具有代表性。

（1）藏医药学的概念

藏医药学是在藏民族固有文化及传统医药的基础上，吸收中医及古印度医学的部分理论，逐步形成的独特的民族医学，是祖国医学的重要组成部分[9]。藏医药以其悠久的历史、深邃的理论、丰富的临床实践内容、差异化的诊疗方法、独特的炮制工艺、高活性的药材、丰富的方剂品种和剂型、深厚的文化底蕴和特色、藏医医疗机构覆盖四省一区广大区域等多种因素，在我国传统医药领域占有较高的学术地位，而且对其他民族医药如蒙医药产生过深远的影响。

（2）藏药产业

藏药包括藏药材、藏药饮片、藏药院内制剂和藏成药。由于国内的藏药材市场发育尚不完善，藏药不使用饮片加工藏药制剂，藏药院内制剂不能跨区域流通等原因，本文所指的藏药产业是指以中国国内藏药生产企业为主体、主要目标市场在国内医药市场的藏药制造业。其他藏药材、藏药饮片、院内制剂等不在藏药产业的研究范畴。根据米内网2018年的数据测算，藏药产业的市场规模在50亿人民币左右，尚不足中成药市场规模的1%。

1.1.3 藏药呈现出独特的应用价值

（1）对无特效治疗药物的疾病提供了另外一种可行的解决方法

樊代明院士曾指出现代医学模式下"人类常见的4000种疾病到现在90%以上没有好药可治……人类7000种罕见病基因都基本搞清楚了，但99%以上是没药治疗"[10]。藏医药学是基于实践形成的关于生命和疾病的认知和理论[11]，对于病因不明、机制复杂、诊断不清或者无药可用的病毒性传染病、疑难病、罕见病提供了一种"利用已有医药资源"有效地解决上述诸类疾病的知识和经验。不论是H1N1甲型流感、禽流感还是新冠病毒疾病，藏医对这些新发的呼吸道传染性疾病，都会统一采用有上千年临床应用历史的藏药"九味防瘟散""流感丸""催汤丸""十二味翼首散"等进行"瘟疫"预防和治疗。这些经过实践检验的"防治瘟疫"的藏成药是藏区在历史上呼吸道传染病爆发时防治疾病的非常成熟而有效的手段[12-14]，至今仍是西藏、青海、甘肃等藏区的"抗疫"一线用药[15]。当前中国还有1000多万罕见病患者，很多罕见病诊断明确但有效治疗药物缺乏[16]，藏药作为另外一种完整医学理论体系下的、仅仅通过对疾病外在表现就可以实施干预的个性化治疗的药物体系，对于某些缺乏有效治疗药物的罕见疾病可能会是一种必要的选择[17-22]。例如，国外已经有研究表明藏药Padma 28对罕见病多发性硬化有一定的效果[23]。

（2）藏药积累了大量针对高原特色疾病的治疗药物

藏民族世代身居高原，饮食、生活习惯和气候条件与内地迥异，特色病和高发病与其他地区也有一定差异，藏医药在长期医疗实践中逐渐形成了一定的地域特色[24]。缺氧引起的高原疾病如高原性心脏病、高原性肺水肿、高原性脑水肿、高原红细胞增多症等，至今仍是治疗上的难题[25]。藏医药学具有传统高原医学科学的特点，对于这些难治性高原疾病的治疗积累了大量的有效药物，例如对于在西藏部分地区患病率高达12.95%的高原红细胞增多症（High Altitude Polycythemia，HAPC），藏药具有不良反应小、可以长期服用的优势[25]。

除了特色的藏成药外，藏医药在诊疗实践中积累下来的高原特色药材也具有很高的药物开发和利用价值，如《中国药典》收载的治疗缺氧和呼吸系统疾病的分布在海拔4000米以上区域的大花红景天[26]，治疗肝胆病的藏区特产药材藏茵陈等[27]，已经被开发成多种药品和保健品。根据罗达尚编写的《中华藏本草》记载，青藏高原藏药中的植物药材约2000多种，这些特色药材是有待开发的巨大宝库。

（3）藏医的"择时用药"方法对于合理用药具有很高的价值

现代药学的时辰药理学诞生于20世纪60年代[28]，时辰药理学认为人体的生物节律会影响药物的药动学和药效学，不同的药物应该依据人体的生物节律和药物作用的时间规律来选择用药时间，这样可以提高疗效，减少不良反应的产生，还可以减少药物用量[29]。而藏医早在公元753年撰成的《四部医典》中就已经对时间与疾病发病规律有了很深的认识。藏医用药一直秉承"择时用药"的原则，不仅保持了时辰用药增效减毒的基础优势，还不拘泥单一用药的基本原则，根据季节、昼夜、时辰、药性、疾病的不同特点加以创新，发展出时辰组合用药的特色服药方法，对于现代时间医学的发展和完善具有巨大的启示意义[30]。

（4）藏医有一些特色的简便、有效、安全的藏药外治方法

藏医学是所有的传统医学体系中将外治疗法的地位提到最高的学科。有赖于古代发达的藏医解剖学[31]，藏医的外治法一直是藏医学最重要的4种治疗手段之一，包括药浴法、涂擦法、金针法、放血法等。藏医传统外治技术与传统中医药相比也有其独特性：① 中医外治疗法多用于疮疡疖肿等局部疾病的治疗；而藏医外治法除治疗外科局部疾病之外，还可用以治疗类风湿关节炎、痛风等大量全身性疾病，体现了传统医学的"内病外治"理念。② 藏医外治技术对物理的光和热的利用也非常有特色，很多外治方法要配合晒太阳，利用

高原高能量的阳光来增进药物的治疗效果,将自然界的物理作用和药物化学药作用充分结合起来,与现代的理疗和物理促渗技术高度相似,并已经积累了上千年的临床应用经验。③ 藏医外治法中使用器械相对较多,药械配合技术如头浴、赫尔麦等比较发达[32]。④ 藏医外治法还经常会采用豆蔻、藏菖蒲等安全、温和的芳香类植物药外用。

(5)部分藏成药已在全国医药市场上呈现出令人瞩目的临床价值

在内地医药市场20多年的临床应用中,很多藏成药已体现出较高的临床价值。藏药青鹏软膏是治疗湿疹的国内传统药物中唯一一个有随机双盲安慰剂对照试验证据支持的药物,结果表明,青鹏软膏治疗亚急性和慢性湿疹的愈显率达到70%以上[33],因此成为中国中西医结合学会皮肤性病分会首推的治疗湿疹的中成药[34]。同样,在脑卒中后遗症期,藏药白脉软膏是唯一有证据显示可以改善肌张力的外用药物,填补了该领域的外治空白[35-37]。藏药红花如意丸是少数几个进入西医妇科炎症性疾病诊疗规范的传统药,被认为与抗生素合用可以减少盆腔炎的复发[38]。

(6)藏医独特的治疗和保健理论对当前的医疗体系仍有很好的互补作用

藏医"饮食—起居—药物—外治"的治疗体系,主张人与自然和谐共存、心理和生理平衡统一(身心灵同治),与当今全球倡行的整合医学模式在思想和方法上不谋而合。而且藏医治疗强调饮食、行为习惯调养来治病养病,还可以通过发挥治未病作用而减少疾病发生[39],从而可以间接降低医疗费用,这些方法颇为符合"健康中国2030"提出的重视预防和康复的理念。

1.2 研究目的和意义

藏药产业是我国特色的对现有医药体系具有巨大应用价值的传统药物产业,当前产业规模仍然非常有限,藏药并未能在全国范围内的疾病治疗中充分发挥出其应有的作用。在现代创新药物不断涌现、普通药品大量供大于求、药品市场竞争激烈、中国的西医医师占注册医师总量的84%[40]的竞争环境下,通过系统地研究和梳理藏药药物现状、优势领域和优势病种,厘清藏药产业优势和不足,发挥藏药的比较优势,为医生和患者提供优效、安全、经济的疾病解决方案,在实现与内地主流医药体系优势互补、差异化立足的同时,使得产业获得合理、快速的发展,是本文的主要研究目的。

藏药产业是我国民族药的代表性产业,通过研究藏药产业的发展战略,也可以为蒙、维、苗、壮、傣等我国特色民族药产业的合理发展路径提供可行借鉴。甚至如果能够通过解决藏药产业和中药产业发展中都遇到的如药物临床价值不明、西医医生不合理处方中成药以及产业创新不足等共性问题,为克服当前中药产业在发展中遇到的诸多困难提供一些借鉴,就更能实现研究的现实意义了。

1.3 藏药产业相关研究综述

通过 CNKI、维普、万方数据库检索主题词"藏药"和"产业发展"或"产业研究"，检索时间截至 2019 年 12 月，排除重复的内容，共获得相关文献 88 篇，其中研究论著 70 篇，报道 18 篇。继续检索主题词"藏药"和"优势病种"或"优势领域"或"竞争优势"，检索时间截至 2019 年 12 月，没有检索到符合条件的研究文献。又在"全文"范围中检索上述词组，有少数几篇间接提及。更以"藏医"或"藏药"和"治疗"进行检索，共检索到有藏医治疗方案、特色治疗技术和单个藏成药治疗具体疾病的 600 多篇的临床研究类文献。为了了解国际上对藏药临床研究的情况，同时以"Tibetan medicine"或"Tibetan herbal"和"study"为检索词，在 Cochrane Library 和 Pubmed 数据库检索有关的临床研究文献，在排除了重复内容的文献之后，获得 18 篇。

1.3.1 关于藏药治疗优势的相关研究

（1）未发现有系统总结藏药与现代药、中药相比的治疗优势的研究

国内外学者既往对藏医药治疗优势或藏药优势领域和优势病种的定性或定量研究还非常少，还未发现有系统对藏药在疗效、安全性和经济性的比较优势进行研究的文献或典籍，有个别国内学者从藏医药发展史、药材资源、理论特色和优势病种等角度对藏医药优势进行过定性的综合阐述。刘德和[41]（2002）指出，藏医对坏血症、偏瘫、神经系统疾病、肝胆疾病、关节炎等疾病的治疗效果好；白玛央珍[42]（2017）认为藏医独特的学科理论、疾病的认识和诊断方法，多样化的治疗手段和较低的治疗费用是其独特优势，藏药对肝硬化腹水、脑卒中康复期、强直性脊柱炎、过敏性紫癜等具有较好效果，具体表现为改善预后、减少西药用量、提高生活质量等。

（2）当前藏药优势的结论主要散见于国内外各个临床研究文献中

1）藏医综合方案的临床研究以关节炎、卒中、胃炎等疾病领域居多。藏医开展过多个关于藏医治疗方案（包括单一用药、组合用药、藏医治疗技术或内服外治）对具体疾病的治疗优势的研究，通过自身前后对照或与现代医学的常规治疗做平行对照，对藏医治疗方案在具体疾病治疗上的疗效和安全性做出评估，以突出藏医在疾病治疗中的疗效和安全性优势。当前在消化、神经、风湿等领域的藏区常见病方面研究较多，病种以关节炎、中风、胃炎为前三位。藏医治疗方案多为口服组合用药和（或）与外治方案配合的研究较多，口服组合用

药多以凌晨、早、中、晚每日 3～5 种用药组合，外治方案主要是药浴、放血、赫尔麦等外治方法的单用或组合应用，外治技术中尤其以藏药浴和放血的研究为多，占外治疗法类研究的 80% 以上。总体来看，这些临床研究基本是单中心临床观察，病例数偏少，结局指标不清晰，研究设计也多是自身前后对照，研究质量有待提升[43]。

2）随机对照研究提示藏药在风湿等多个疾病领域可能有潜在优势。许多中医、西医医生使用单一的藏药针对具体的现代疾病开展了随机对照研究，以评价藏药对某些疾病的治疗效果、安全性及经济性。目前在全国范围销量较大的藏药如消痛贴膏、独一味、青鹏软膏均有上百篇临床研究文献，部分研究显示藏药与对照药品相比有明显的疗效优势和经济性优势[44]。总体来看，国内关于藏药的临床研究文献提示：消化系统疾病、疼痛性疾病、风湿性疾病、呼吸系统疾病、外科疾病、代谢和营养疾病可能是藏药的优势领域[43]。

3）国外部分临床研究证实藏药在循环系统、神经系统领域有一定价值。国外关于藏医药临床研究的文献相对较少，试验用药以单一用药为主，瑞士 PADMA 公司的藏药 PADMA 28 治疗循环障碍性疾病的文章较多，有随机双盲临床对照试验证实该药对下肢动脉硬化闭塞症导致的间歇性跛足临床疗效显著；也有其他研究发现藏药对心理疾病、风湿病有一定效果[45-47]。

总之，关于藏药的优势领域和优势病种还缺乏系统的研究和总结，藏医药治疗优势仅仅间接体现在各个临床研究文献中，国内临床研究的质量普遍不高。

1.3.2　关于藏药产业发展策略的相关研究

近 20 年来，关于国内藏药产业的研究多从政策、科技、资源保护、企业管理、营销等不同角度对产业发展现状和发展策略进行分析，有些学者对青海省中藏药产业竞争力影响因素进行了探讨。

（1）研究方法

房灵敏[48]等（2007）采用因子分析结合聚类分析的方法，横向比较分析了西藏藏药产业科技创新能力；林珊珊[49]（2010）运用广义 C-D 生产函数，分析了西藏藏药产业的科技进步状况；吉敏全[50]（2012）、陈雪梅[51]（2014）以波特"钻石模型"为框架探讨了青海省的中藏药产业竞争力的主要影响因素；杨文凤等[52]（2014）从博弈的角度对藏药产业内部利益相关方藏药公司、藏药中间商和农牧民进行了分析；余璐[53,54]等（2016）从藏药行业领先企业、挑战企业、追随企业和补缺企业的视角分析实现青海省藏药产业资源的合理配置；建立 BP 神经网络模型分析供应、制造和销售的产业价值链指标体系，探寻青海省藏药产业价值增值的方法；

彭迪[55]等（2018）对青海省藏药产业竞争力与区域经济发展耦合关系进行实证研究。

（2）研究发现及给出的战略建议

尽管个别学者提出藏药产业具有一定的政策、资源、人才、边贸、市场等方面的优势[56]，大多数研究[48-56]还是着重指出了藏药产业存在的问题以期能够找到产业发展的对策，问题主要集中在：资源利用不合理；科技创新能力低，技术力量薄弱；营销思路欠灵活，品牌意识不够；人才短缺问题突出；藏药市场准入制度不合理；产业结构差，企业规模小，品种结构不佳；社会及公众的普遍认同程度弱；企业管理方式滞后，企业管理过于本土化。另外，地域导致的运输成本提高、利润相对较少也是导致藏药企业经营困难的重要原因。

针对研究发现的问题，很多学者提出了相应的战略建议：① 产业集聚。② 改善产业布局，产业链整合。③ 加大政府扶持力度。另外，也有研究提出必须充分考虑到青藏高原生态资源的不可再生性及其宝贵价值，要实现藏药产业的战略转型，采取科技与文化相互融合的策略来实现藏药产业发展[57]。整体来看，主张从政府层面予以扶持和鼓励产业集聚的建议较多，尤其在青海省中藏药产业的研究中多见。

总的来看，既往关于藏药产业的研究未能触及藏药产业的核心优势和现实的临床需求，未能将藏药置于药品竞争的环境下进行基于藏药产业特点的发展战略的设计，也未能触及藏药的知识特点和创新特点，而且研究范围集中在对西藏、青海等地的区域性藏药产业，研究角度和结论尚有待进一步完善。

藏药产业要获得可持续的发展，必须对藏药产业核心竞争优势来源也就是产品的治疗优势有一个清晰的认识，要分析产业内部的能力和产业的医药资源特点，立足于藏药产业的产品比较优势，走以需求为导向的创新策略和发展路线。既要满足不同客户的需求，同时又要分清主次，不能盲目追求科技创新和科研投入，要把有限的资源在激烈的外部竞争环境下充分发挥作用，聚焦优势领域，通过创新使医生可以对传统藏药跨知识体系合理使用，并发挥出其治疗优势，最终带动行业的整体发展。因此基于竞争优势的藏药产业发展战略就成为本文的研究方向。

1.4 研究方法和技术路线

1.4.1 研究方法

（1）归纳和演绎

分析南方医药经济研究所米内网的中药市场数据，CNKI、维普、Cochrane、Medline 等网站的文献数据，国家药品注册信息、中药上市企业的年报信息、中国统计年鉴信息等，对藏药产业的市场特点、发展规律、创新模式等进行归纳和总结，提炼出藏药产业的关键特点；分析日本汉方药、德国植物药、中国的中药产业等传统药产业共性特点，归纳总结藏药产业发展的关键影响因素。另外，根据知识创新理论和藏药的传统知识特点推导、构建藏药产业的传统知识转化模型，并根据理论和模型推演出藏医药传统知识转化的方式、方法及关键要素。

（2）问卷调查

针对藏药的优势领域，对高年资藏医临床专家做专家调研，研究藏医的优势治疗领域和优势病种。上述调研为藏药与西药和中药的细分领域的差异化定位提供基础支持。通过网络对北京、广州、山东、甘肃、四川、青海、西藏等不同区域的1050名消费者调研，了解消费者对于藏药和藏文化的认知现状，为跨文化的藏药应用提供消费者层面的需求情况的判断依据。

（3）SWOT分析

包括对藏药产品相关的SWOT分析和藏药产业竞争的SWOT分析。参考波特"钻石模型"相关因素，分析藏药产业竞争的内外部环境，对藏药产业内部的优势、劣势以及外部的机会和威胁做出分析，评价产业的内部竞争能力和产业外部需求的匹配性。重点对藏药产业的知识要素基础、创新能力、资源特点、医疗需求以及政策机会进行分析，归纳能提升藏药产业竞争能力的优势要素，以及与之相匹配的外部环境。

（4）实证研究

实地调研和收集在藏药知识转化和研发创新都居领先地位的奇正藏药公司在技术创新和产品知识创新方面的资料，尤其是经典藏药青鹏软膏的有关资料，作为产品竞争优势培育和知识转化的实证。

1.4.2 技术路线

本文主要基于藏药对现代临床有很高的潜在应用价值和藏药产业发展局限的矛盾，通过对藏药产业相关研究进行综述，发现既往学术研究对藏药治疗优势的认识不足，产业发展的研究角度多在藏药产业自身的发展需要，未能将外部需求、产业发展和藏药优势结合起来，所以提出应基于藏药产业竞争优势来发展藏药产业的观点。进而在对产业竞争优势和创新的相关理论综述的基础上，通过专家调研、消费者调查和文献分析，总结归纳藏药的优势领域、优势病种及优势技术，总结藏医对优势病种的临床用药（含院内制剂）和已上市产品储备情况，研究消费者对藏药的接受情况，分析藏药产品存在的有利和不利因素。进而通过对藏药产业要素与环境匹配情况的研究，总结归纳出影响产业发展的优势、劣势、机会和威胁。然后以藏药产业现状为基础，通过不同要素的组合与配比，归纳出增强产业竞争优势的关键发展战略举措。同时，根据战略执行需要，突出知识创新对于提升产业竞争力、发挥产业比较优势的价值，制定出相应的知识创新和渐进性技术创新的战略发展路径，并提供相应的实证研究。

技术路线如图1-1所示。

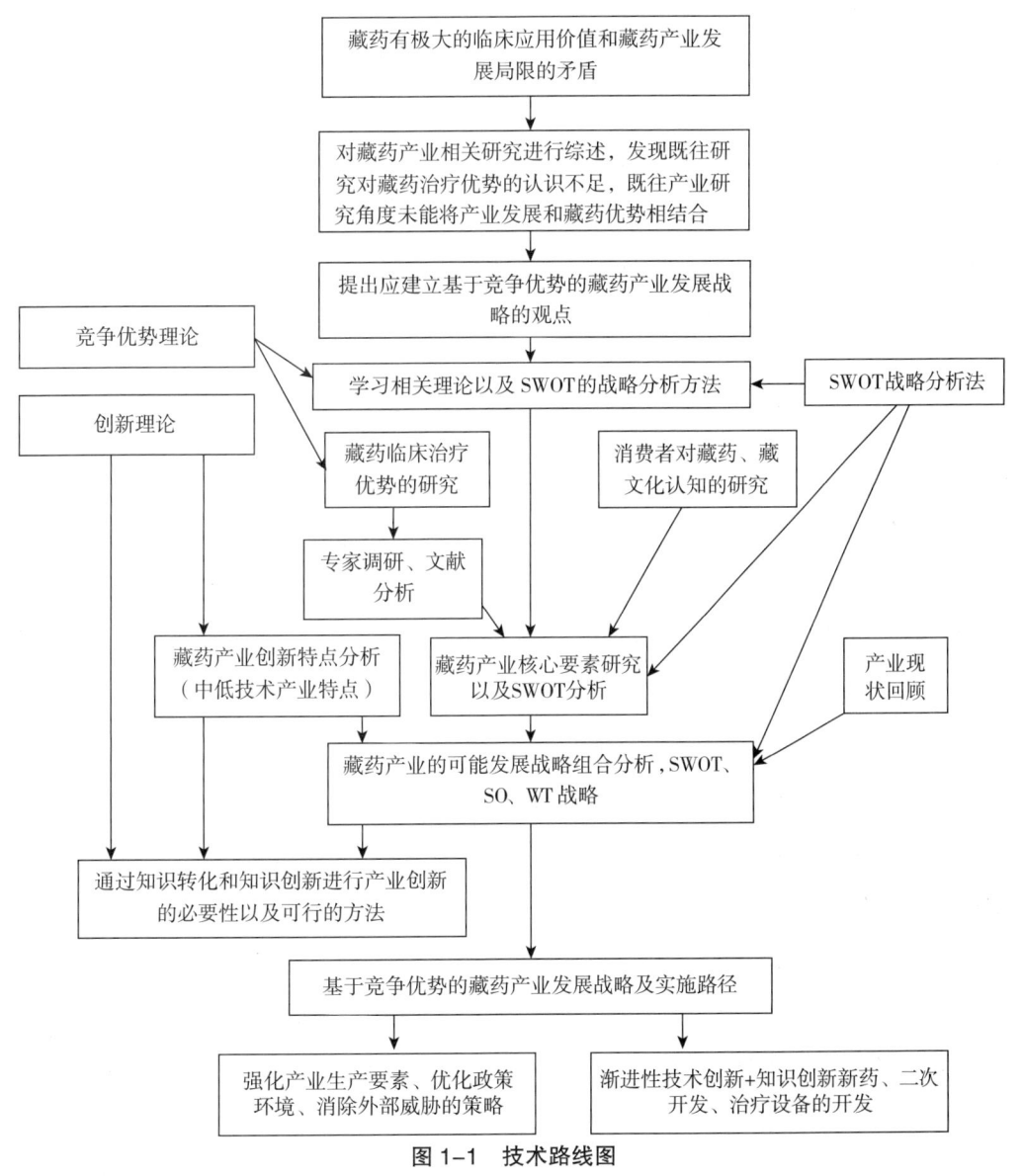

图1-1 技术路线图
Fig 1-1　Technology roadmap

1.5 主要研究内容

本文研究内容主要包括4个部分：

第一部分　研究背景、研究目的和综述

在当前国家创新药物仍然不足、慢性疾病负担加重、病毒性传染病频发的情况下，一方面有效药物供应不足，另一方面有价值的藏药在临床并不能得到很好的应用。分析藏药竞争优势和产业研究方面的文献，发现当前的藏药产业研究对藏药产业竞争优势的产品基础、实施路径和创新特点仍然关注不足，研究深度不够，因此有必要制定基于藏药产业竞争优势的发展战略。创新是藏药产业竞争优势的重要来源，因此本文除了总结与传统药产业竞争优势相关的比较优势理论和波特竞争优势理论研究外，还对创新的奠基性理论熊彼特创新理论，以及中低技术产业创新理论做一综述。重点围绕波特的"钻石模型"理论和野中郁次郎的知识创新理论以及SWOT分析方法进行论述，为接下来藏药产业发展战略的分析奠定理论基础。

第二部分　藏药优势研究及产业竞争内外部环境分析

藏药存在的价值在于其治疗优势。通过对五省藏区33位藏医医生的调研，明确藏药的优势领域和优势病种；通过临床文献分析，明确特色疾病的优势药物或治疗方案、藏医外治技术在这些疾病治疗中的价值。以化学药、中药为对照，从微观的、产品的角度分析产品的疗效、安全性和经济性等比较优势，为下一步扩展到产业竞争角度的分析奠定基础。

以波特的"钻石模型"为参照，取其生产要素和创新能力为内部因素，需求条件、政策为外部机会或威胁，对产业竞争态势进行SWOT分析。归纳出藏药产业上游丰富的知识资源优势和特定领域的临床疗效为其竞争优势的来源，但产业也还存在整体品种资源受限、知识创新不足、药材资源瓶颈等不足。

第三部分　藏药产业发展战略的制定

分析藏药产业的现状，如以综合医院市场为主的市场特点、以隐性知识为主的知识特点和"中低技术产业"的创新特点，藏药品种主要集中在消化系统、骨骼肌肉系统和神经系统疾病用药3大领域。

结合产业现状回顾，在针对藏药产业发展的内部优势、劣势和外部的机会、威胁态势分析的基础上，进行SO、ST、WO、WT的战略组合和筛选，制定产业发展的近期和中长期战略。近期以细分领域的潜力优势品种的培育为主，中长期以新品开发和强化基础建设为主，并提出重点走以知识转化和知识创新带动产业创新的战略发展路径。

第四部分　藏药产业发展战略的实施路径和知识创新

本研究将藏药的知识创新作为实现藏药产业竞争优势的关键路径，从微观角度对藏药产品的知识转化过程根据医—药—医的产业链条来逐步分析，探讨影响转化的关键因素，研究其关键步骤，为藏药产业创新战略提供一套可实施的知识转化策略和方法。

以波特"钻石模型"的核心要素为基础，分别从生产要素、产业创新、相关需求、政府和机会的角度提出藏药产业发展战略的实施路径。重点在基于需求分析的藏医优势知识资源转化与渐进性技术创新相结合的新药、上市药、健康品、器械等的创新策略和方法，以及对政策、资源、医政企协同创新等要素建设的建议。

鉴于藏药产业品种基础仍显薄弱、产品以经典方药为主的现状，以经典藏药"青鹏膏剂"为例，分析在当前的医药政策环境下，通过渐进式技术创新和传统知识的创新，逐步把一个多适应症、说明书术语表达不规范、制剂工艺落后的传统经典药，逐步培育成临床上有一定竞争优势的现代藏药产品的过程，从产品的微观角度证实通过知识转化和渐进式技术创新驱动藏药产业发展的可行性。

1.6　主要创新点

本文的主要创新点和贡献如下：

（1）本文首次将 SWOT 和"钻石模型"相结合用于藏药产业的发展战略的制定；首次从现代临床用药需求和藏药治疗优势的角度探索藏药产业发展战略和实施路径。

（2）本文首次对藏药知识的特点以及知识创新的路径和方法进行研究，并首次构建出基于产业链的藏药知识转化模型。提出了以企业为知识转化的实施主体，以产品的临床合理应用为目标的选择性、实用性的知识转化模式，总结出"病证症三维选择最适人群""临床—基础—临床的藏西转化""藏中医学转化"等关键方法。提出"药学固化传承、医学转化应用"的不同于既往的天然药物、大药的藏药创新模式。

（3）本文首次系统地归纳总结了藏药产业的中低技术创新的特点，并提出渐进性技术创新和知识创新相结合的藏药产业创新策略。

（4）首次通过藏医调研和文献研究，总结出藏药的治疗特点、优势病种、优势领域；首次通过网络对内地和藏区的消费者就藏药和藏文化的认知现状进行调研，提出藏药的文化特色对藏药接受度的潜在影响。

（5）本文首次对基于藏药知识优势的新药开发、二次开发以及基于藏医外治优势的"药械配合模式"的治疗设备开发等提出了具体的开发策略和方法。

参考文献

[1] 中华人民共和国药品管理法[EB/OL]. [2019-08-26]. http：//www.xinhuanet.com/politics/- 2019/08/26/c_1124924302.html.

[2] 国家统计局主编. 中国统计年鉴2018[M].北京：中国统计出版社. 2019.

[3] 第五十七届世界卫生大会，2003年5月19—28日于日内瓦：决议和决定：附件[EB/OL]. https：//apps.who.int/iris/handle/10665/260309.

[4] 欧洲成世界上最大植物药市场 销售额占全世界38%[EB/OL]. [2009-11-03].http：//tech.southcn.com/t/2009-11/03/content_6181548.htm.

[5] 中国医药保健品进出口商会，美国艾美仕市场调研与咨询公司. 中国医药产业国际地位快速提升——2007—2008年中国与世界医药市场发展动态[J]. 中国医药导报，2008，5（2）：5-6.

[6] 关于做好今冬明春流行性感冒医疗工作的通知[EB/OL]. [2019-11-13]. http：//www.nhc.gov.cn/yzygj/s7653p/201911/a577415af4e5449cb30ecc6511e369c7.shtml.

[7] 朱兆云主编.民族药创新发展路径[M].北京：科学出版社，2016.

[8] 胡书平，刘同祥.民族医药发展现状及存在问题分析[J].中央民族大学学报（自然科学版），2011，20（1）：76-81.

[9] 土旦次仁主编.《中国医学百科全书.藏医学》[M].上海：上海科学技术出版社，1985.

[10] 樊代明.整合医学的内涵及外延[J].医学与哲学，2017，38（1）：7-13.

[11] 拉萨藏医院.藏医藏药的形成和发展[J].上海中医药杂志，1979，（5）：57-62.

[12] 才让吉.藏药十二味翼首散合四味藏木香汤治疗流行性感冒108例[J]. 中国民族医药杂志，1999，（3）：13.

[13] 张伟，刀知次旦.藏医药对甲型H1N1流感的认识与防治[J].中国民族医药杂志，2010（2）：14.

[14] 俄措卓玛.浅谈藏医对疫病的认识、预防及治疗[J].西藏科技，2016，（9）：62-64.

[15] 关于在全省推广使用新冠肺炎防治中医药系列方的通知[EB/OL].[2020-2-15]. http：//wsjk.gansu.gov.cn/file.jsp?contentId=84136.

[16] 吴诗瑜，张勘. 中国建立罕见病研究和防治策略的机遇与未来挑战[J]. 上海医药，2011，32（10）：502-504.

[17] 王红霞，闫斌，周正华，等. 13例Cronkhite-Canada综合征临床诊治分析[J]. 世界华人消化杂志，2019，27（9）：37-42.

[18] 陆曦，李智文，王华燕.101例多发性硬化的临床分析[J]. 福建医学院学报，1995，（1）：62-63.

[19] 田圆圆，张象麟，董江萍.欧美孤儿药的研究与开发现状[J].中国新药杂志，2012，21（8）：844-850.

[20] 赵晓春，徐飞，王勇.我国建立孤儿药管理制度的策略思考[J].医学与哲学，2003，24（7）：41-43.

[21] 郑艳.浅谈中药的创新选题[J].安徽医药，2003，7（4）：316-318.

[22] 易八贤，王广平，吴晓明.基于孤儿药制度的传统疑难杂症药物研发激励策略[J].中国医药工业杂志，2014，45（3）：16-20.

[23] Korwin-Piotrowska T, Nocon D, Stankowska-Chomicz A, et al. Experience of PADMA 28 in Mutiple Sclerosis. Phytotherapy Research, 1992, 6（3）: 133-136.

[24] 赵健民.从《四部医典》中看藏医对疾病病因和发病机制的认识[J].西藏大学学报：社会科学版，2008，（2）：40-42.

[25] 黄宇，降拥四郎，赖先荣，等.藏医药防治高原红细胞增多症的研究进展[J].世界科学技术—中医药现代化，2015，（5）：1042-1046.

[26] 崔艳梅，娄安如，赵长琦.红景天属植物化学成分及药理作用研究进展[J].北京师范大学学报（自然科学版），2008，44（3）：328-333.

[27] 范叔清，周松，卢志强，等.藏茵陈化学药成分和药理作用研究进展[J].现代中西医结合杂志，2012，21（2）：227-228.

[28] 古志和.时辰药理学[J].民航医学，1993，3（2）：33-34.

[29] 丁英儿.时辰药理学与临床合理用药[J].中国医院药学杂志，2003，23（10）：626-628.

[30] 李佳林，任小巧，陈蔚，等.浅谈择时用药在藏医学中的应用原则[J].中华中医药杂志，2019，34（11）：5153-5155.

[31] 付强.古代藏医与西医解剖论理的比较研究[J].西藏民族学院学报（社会科学版），1998，（Z1）：39-42.

[32] 王晓慧.中医与藏医外治法的比较[J].实用医技杂志，2004，11（12A）：2610.

[33] 唐慧，杨勤萍，骆丹，等.青鹏软膏治疗湿疹的随机、双盲、对照多中心临床观察[J].中华皮肤科杂志，2011，44（12）：838-841.

[34] 中国中西医结合学会皮肤性病专业委员会环境与职业性皮肤病学组.皮肤外用中成药治疗湿疹皮炎的专家共识[J].中华皮肤科杂志，2012，45（12）：841-842.

[35] 李宁，郭文华，董纪革，等.白脉软膏改善脑卒中患者肌张力增高的有效性和安全性临床研究[J].中国实用医药，2011，6（35）：240-242.

[36] 巩忠，刘胜达，蒋初明，等.白脉软膏缓解脑梗死后肌张力增高的疗效观察[J].中国现代医药杂志，2012，14（1）：47-49.

[37] Shengda Liu, Chuming Jiang, Donghua Li, Cuipeng Xie, Jianxin Yan. Efficiency and safety evaluation of Baimai ointment for alleviating hypermyotonia following cerebral infarction[J]. NEURAL REGENERATION

RESEARCH. 2007, 2（10）：607-610.

[38] 中华医学会妇产科分会感染性疾病协作组. 盆腔炎性疾病诊治规范[J]. 中华妇产科杂志，2014, 49（6）：401-403.

[39] 周毛吉，多杰，卡着杰. 浅谈藏医"疾病蓄积"与健康养生[J]. 中国民族医药杂志，2016, (8)：54-55.

[40] 国家卫生健康委员会. 2018中国卫生健康统计年鉴[M]. 北京：中国协和医科大学出版社，2019.

[41] 刘德和，陈丽萍，边巴顿珠. 藏药的用药特点[J]. 中国民族民间医药，2002, (58)：266-267.

[42] 白玛央珍. 强化管理发挥藏医药特色优势[J]. 中医药管理杂志，2017, 25（22）：152-155.

[43] 罗辉，仲格嘉. 国内藏医临床研究文献的现状调查[J]. 中国藏学，2013, (4)：156-161.

[44] 徐菲，杨克新，刘国恩，等. 奇正消痛贴膏治疗骨性关节炎疼痛的药物经济学评价[J]. 中国全科医学，2017, 20（36）：4529-4533.

[45] Stewart M, Morling J R, Maxwell H. Padma 28 for intermittent claudication. Cochrane Database of Systematic Reviews 2016, Issue 3.

[46] Tibetan Herbal Tea Agar-35[Martin TJ, Mist S, Lektsok T, Trent NL. Tibetan Herbal Tea Agar-35 Reduces Negative Affect and Anxiety: A Placebo-Controlled Pilot Study. Explore（NY）. 2017 Nov-Dec；13（6）：367-370.

[47] Ryan M. Efficacy of the Tibetan treatment for arthritis[J]. Social ence & Medicine, 1997, 44（4）：535-539.

[48] 房灵敏，吴小琼，占堆. 西藏藏药产业科技创新能力比较分析研究[J]. 西藏研究，2007, (2)：82-89.

[49] 林珊珊，杨斌. 西藏藏药业科技进步战略研究[J]. 中国科技论坛. 2010, (1)：89-105.

[50] 吉敏全. 基于AHP的青海中藏药产业竞争力评价[J]. 科技和产业. 2012, 12（11）：64-66, 164.

[51] 陈雪梅. 青海中藏药产业集群化发展战略探析[J]. 攀登. 2009, 28（5）：168-172.

[52] 杨文凤，孙前路，朱桂丽，等. 基于内部利益相关方博弈的藏药产业竞争力分析[J]. 西藏大学学报（自然科学版），2014, 2（29）：56-64.

[53] 余璐，李丽，罗舜予. 青海省藏药企业发展战略的路径探讨[J]. 中国商论，2016, (1)：150-153.

[54] 余璐，陈雪梅. 基于BP神经网络的青海省藏药产业价值链价值增值研究[J]. 江苏商论，2016, (5)：21-24, 27.

[55] 彭迪，陈雪梅. 青海省藏药产业竞争力与区域经济发展耦合关系实证研究[J]. 世界科学技术—中医药现代化，2018, 20（10）：195-199.

[56] 李金前. 西藏发展藏药产业有利条件分析[J]. 网络财富，2009, (23)：50-51.

[57] 刘江荣. 开拓文化创意产业的新领域——论藏药产业的战略转型[J]. 西藏民族学院学报（哲学社会科学版），2013, 34（6）：23-27.

第二章
相关理论综述

2.1 产业竞争优势理论综述

产业竞争优势相关的理论主要有比较优势理论和竞争优势理论。相对而言，比较优势理论强调的是产业竞争的过程，它是获得竞争优势的原因，竞争优势是比较优势的结果[1]。

2.1.1 比较优势理论

比较优势是产业经济学理论中最核心的概念之一，是产业分工和贸易最重要的理论基石。亚当·斯密（Adam Smith，1776）的绝对优势理论、大卫·李嘉图（David Ricardo，1817）的相对优势理论以及赫克希尔和俄林（Heckscher 1919，Ohlin 1933）的要素禀赋理论，强调比较优势源于外部条件。随后形成的新要素贸易理论、新贸易理论等，认为比较优势源于内部的要素积累、技术进步和制度创新[2]。

（1）传统的外生比较优势理论

亚当·斯密在《国民财富的性质和原因研究》（又称《国富论》）中提出产品在成本上的绝对差异是国与国贸易的根本原因。他认为每一个国家都应致力于生产并出口其在劳动生产率和生产成本上具有"绝对优势"的产品，进口其他国家具有"绝对优势"的产品。

在此基础上，李嘉图[3]（David Ricardo，1817）进一步提出了根据"两利相权取其重，两害相权取其轻"原则进行生产和交换的相对比较优势理论。赫克希尔（Heckscher，1919）和俄林（Ohlin，1933）[4]则认为比较优势源于各国生产要素（主要指土地、劳动和资本）的拥有状况的差异，要素的相对丰裕程度或要素的相对价格决定了产品的相对成本。

（2）现代的内生比较优势理论

内生比较优势理论认为，各国、各地区可以人为地通过专业化学习、技术创新与经验积累创造出比较优势[2]。迪克赛特（Dixit，A.）和斯蒂格利茨（Stigliz，J.）认为专业化导致比较优势的出现。他们在1977年发表的《垄断竞争与最优产品的多样性》里提出追求规模经济会使厂商生产趋于专业化，但消费者的消费需求却趋于多样化，为协调这两者之间的矛盾，国际贸易应运而生[5]。

克鲁格曼（Krugman，1980）认为在消费者的多样化偏好的前提下，即使资源禀赋相同，由于递增报酬原理，规模经济还是可以引致比较优势。因此，规模收益递增可以解决产品多样化与低成本的矛盾。

杨小凯和博兰（Yang and Borland，1991）则认为，比较优势源自于专业化分工导致的人力资本与知识的积累，即熟能生巧[2]。

2.1.2 产业竞争优势理论

现代管理理论中的企业竞争战略模型、竞争优势理论、核心竞争力理论所提倡的产业竞争理论从微观角度揭示了企业策略与市场竞争优势的关系，这些理论不断拓宽人们对产业竞争优势已形成规律的认识，成为当前分析产业竞争的重要理论基础。

（1）迈克尔·波特的产业竞争优势理论和"钻石模型"

20世纪90年代初，迈克尔·波特（Michael E. Porter）连续出版了其关于企业、产业、国家竞争的战略三部曲：《竞争战略》（Competitive Strategy）、《竞争优势》（Competitive Advantage）和《国家竞争优势》（The Competitive Advantage of Nations），将管理学中关于企业竞争优势的研究结论引入到产业分析之中，在差异化和成本领先的企业竞争战略、"五力模型"的产业竞争结构以及著名的价值链分析方法的基础上，从行业的角度着手，考察一个国家的经济、社会、政治等产业外部因素和产业内部因素环境是如何影响各个行业的产业竞争优势的，并创立了分析产业国际竞争优势来源核心要素的"钻石模型"（图2-1），对产业竞争优势来源提供了一个比较完整的解释和新的理论分析方法。

波特的"钻石模型"理论认为，一国的国内经济社会环境对产业的竞争优势有很大影响，其中生产要素、国内需求状况、相关和支持产业及企业战略、组织结构和同业竞争这4个因素影响最大、最直接，而且4个要素相互影响，政府和机会两个要素会对上述4个要素产生影响[6]。各个环境因素特别有利的那些行业最有可能取得国际竞争优势，创造产业竞争优势的关键在于产业内的企业对外部市场力量的应变能力。

波特的国家竞争优势理论作为研究产业竞争优势较为成熟的理论补充了比较优势理论的不足。他从产品、企业和产业入手分析国家竞争优势的来源，具备坚实的现实微观基础。他认为竞争优势并非源于一般的要素禀赋，而是要靠高级要素的创造。他重视国内需求，认为国内消费者的需求规模、层次与结构都直接影响产业的竞争能力。

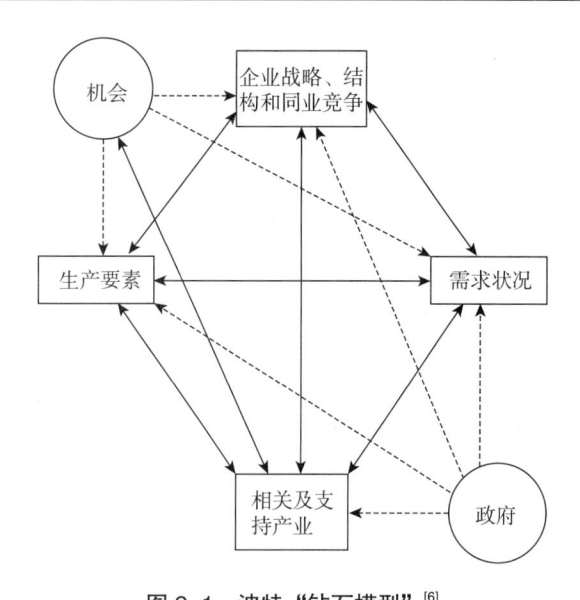

图 2-1　波特"钻石模型"[6]
Fig 2-1　Michael Porter Diamond Model

（2）其他学者关于竞争优势的研究

"钻石模型"能非常好地解析欧美发达国家的产业竞争力来源，但其对于分析小国或发展中国家的产业发展环境并不完全适用。韩国汉城大学教授赵东成（Dong-Sung Cho）认为，韩国经济增长的主要因素是大量高素质的人才，因此他在"钻石模型"基础上提出了一个"九因素模型"[7]。九因素分别是4种物理因素即自然资源、商业环境、相关与支持产业与国内需求，4种人力因素即工人、政治家和官僚、企业家、职业经理和工程师，以及外部偶然事件[7]。

尽管后来还有不少外国学者拓展了"钻石模型"，但他们的理论模型同样是在特定的背景下构建的，因而也有其自身的局限性[8]。我国很多学者在波特的竞争优势理论基础上从结构要素、定量分析等角度提出来一些新的补充。金碚[1]（1997）提出比较优势强调各国产业发展的潜在可能性，竞争优势则更多地关注各国产业发展的现实态势，更重视企业的策略行为。厉无畏[9]（2001）、芮明杰[10]（2006）均认为"学习与创新"对产业竞争力提升有重要作用并将之作为单独要素；裴长洪[11]（1998）等人在波特的"国家竞争优势四要素"模型基础上，又增加了市场占有率、利润率、生产率、市场营销、企业组织管理等显示性和分析性指标，构建出一个产业竞争力的定量评价指标体系。

2.2　关于创新理论的综述

一般认为创新理论起源于熊彼特的"破坏性创新"理论，此后技术创新、制度创新、知识创新理论、低技术产业创新理论等从不同的角度对创新的过程、影响要素等进行了研究。

本文重点围绕与藏药产业发展特点相关的一些创新理论进行概述。

2.2.1 熊彼特创新理论

美籍奥地利经济学家约瑟夫·熊彼特第一个系统地阐述了创新理论。在1912年发表的著作《经济发展理论》中，他首次提出了"创新"概念，他认为创新是一种"创造性的破坏"，是"建立一种新的生产函数"，是"企业家把一种从来没有过的生产要素和生产条件实行新的组合"[12]。他强调"创新"不是技术概念，是经济概念，只有当新的技术发明被应用于经济活动时，才能成为"创新"。根据熊彼特的观点，创新包括技术创新、管理创新和组织创新等内容，引进新产品或提升产品质量、引进新技术或采用新的生产方法、开辟新市场、开发新资源、组织管理创新都属于创新的范畴[12]。

熊彼特重视企业家在创新中的作用，认为企业家对创新的不断追求，是企业竞争力的源泉。

2.2.2 知识创新理论

（1）知识、知识创新和知识转化的定义

熊彼特经济学认为，知识是一切财富的源泉。知识也是各种类型的创新的源泉，而且不同类型的知识的流动方式不同，知识学习和积累的方式也不同，所以要通过产业创新的途径提升产业竞争力就必须对知识问题进行深入的研究。

柏拉图认为"知识是经过证实的正确的认识"。波兰尼（Polanyi）则将知识分为显性知识（Articulated Knowledge）和隐性知识（Tacit Knowledge）两大类，其中显形知识是指可言传的知识，而隐性知识则指只可意会的知识，人类大部分知识是隐性知识[13]。Collins[14]（1993）和Blackler[15]（1995）又将隐性知识划分为以下4类：实践性知识（Embodied Knowledge）、抽象性知识（Embrained Knowledge）、嵌入性知识（Embedded Knowledge）和文化性知识（Encultured Knowledge）。

OECD（经济合作与发展组织）[16]1996年在《以知识为基础的经济》（The Knowledge-based Economy）报告中，将知识分为四类：事实知识（Know-what），原理知识（Know-why），技能知识（Know-how），人力知识（Know-who）。吕国忱[17]（2002）提出知识概念有广义和狭义之分。广义上的知识，既包括人类通过实践活动取得的认识，又包括承载知识的物质和知识的物化形式；狭义上的知识，是认知主体将认知对象与认知的内在图式和结构同化，而产生的概念化、符号化的信息有序组合。

知识创新的研究始于20世纪初熊彼特的《经济发展理论》。1993年美国著名战略研究专家德布拉·艾米顿首次明确提出"知识创新"（Knowledge Innovation）的概念，认为知识创新是新思想在产品（服务）上的产生、演变、传播和应用，目的是促进企业的成功和社会的进步[18]。OECD（1996年）则指出，个体和组织理解、使用和开发隐性知识的能力是知识创新的关键，拥有不同隐性知识个体之间学习、交流和共享隐性知识的过程是知识创新和知识传播的过程[16]。

野中郁次郎（Ikujiro Nonaka）认为知识转化（Knowledge Conversion）是隐性知识和显性知识之间的社会化相互作用和转换[19]。吕国忱（2002）则认为，知识转化的概念包含知识自身转化和知识向实践转化[17]。

（2）SECI模型

野中郁次郎（Ikujiro Nonaka）和竹内弘高（Hirotaka Takeuchi）在研究企业知识活动过程中的知识转移和知识创新时，发现隐性知识和显形知识在个体、团队、组织中相互转化和循环，从而形成了企业知识不断增长的SECI螺旋[19]（图2-2）。他们认为，隐性知识对企业发展的作用更大，隐性知识的外显化会增加企业的知识总量。组织领导者应当积极创造一定的内外部条件与设施来建立"场（Ba）"，建立共同知识基础的"冗余"有助于促进知识转化[19]，企业通过这种自主性、创造性的行为，有利于形成独一无二、难以被模仿的竞争优势。

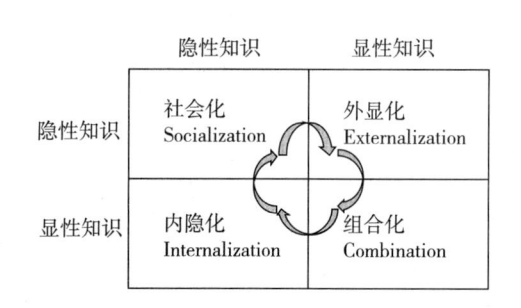

图 2-2　知识螺旋示意图[19]
Fig 2-2　The knowledge spiral diagram

社会化（Socialization）：是共享经验从而创造隐性知识的过程[19]。
外显化（Externalization）：是将隐性知识表述为显性概念的过程[19]。
组合化（Combination）：是将各种概念系统化为知识体系的过程[19]。
内隐化（Internalization）：是将外部显形知识体现到个体内在的隐性知识的过程[19]。

（3）国内关于知识创新的研究

国内学者主要从知识创新的内涵、模式、影响因素、框架模型、评价和过程几个方面对其开展了研究[20],并一致认为,知识创新对提高企业竞争能力和增强企业实力有重要影响[21]。

樊治平[22]等(2006)探讨了知识创造与知识创新在内涵上的异同,指出知识创新是对知识创造的应用,二者发挥着不同作用。蔡翔[23](2001)提出了一个创新研究的新视角,强调企业应当在供应链中进行知识创新;王缉慈[24](1999)从知识与创新、区域政策、创新环境概念等方面,提出推进区域知识创新环境建设的建议;和金生等[25](2005)通过对知识创新活动的过程以及知识的生息特征的研究,提出了"知识发酵"的观点。

另外,姚哲晖[26](2007)从知识演化的角度指出了SECI模型中的一些不足之处。他认为,SECI模型未能解释组织间、行业内、知识生态系统的知识创新过程,未能阐释环境对组织的影响,而且该模型在知识演化与创新的特性、速度、路径等方面也均未能给出解释。

以野中裕次郎为代表强调知识和学习的战略学派又称为学习学派[27],他们认为知识是企业核心竞争力的主体。知识创新提升了知识的价值(规模和质量),学习是提升企业核心竞争力的根本战略,可以使企业获得持续竞争优势[21]。

21世纪初转化医学的兴起,使得医药学家把目光聚焦到如何才能将医学基础研究成果转化为临床应用。近10年来,医药转化研究的关注点主要在于知识成果(基础研究或技术研究成果)转化为产品、医学显性知识的个人内隐转化以及医学隐性知识如何显性化。一般认为,现代新药研发过程就是一个基础研究—发现—设计—临床前开发—临床研究的逐步转化的渐进性过程[28]。陈敏[29]等(2014)从循证医学研究结论转化为用户使用的角度提出要加强对知识的应用转化,认为这种知识转化可以让各方在健康改善、服务改进、产品质量提高等方面获益。有少数学者还对中国传统医学的知识转化特点进行了探索,申菲菲等[30](2013)指出隐性知识是中医知识的主要特点,中医传承与创新要关注中医隐性知识的转化。申俊龙[31]等(2016)则从中医知识演化的角度指出,历代中医医家都在知识传承中吸收时代知识,诠释经典理论,依据自身知识结构和临床实践阐释自己的思想观念,导致中医药知识的结构不断转化和进化,最终形成复杂的知识体系。总的来看,当前与传统医学相关的知识转化研究基本还是从开展科学研究的重要性、如何做循证研究以及传统医药循证研究结果展示等角度看传统医药知识创新,关于产业发展过程中传统医药知识转化的方式和方法的研究目前还较少。

2.2.3 中低技术产业的技术创新理论

R&D投入不高、以隐性知识为主的传统制造业在进入知识经济的时代后,该如何进行创新？其创新规律与以 R&D 投入为主要指标的高新技术产业的创新模式区别何在？近 30 年来，世界各国围绕这个话题开展了许多研究，最著名的就是欧洲的 PILOT 研究[32, 33]。

欧洲的 PILOT 研究将传统企业的创新源泉归纳为企业的创新实现能力（Innovation Enable Capability，简称 IEC），创新实现能力又由转换能力（Transformative Capability）和重组能力（Configurational Capability）两部分组成。转换能力是指企业持续地将所能够利用的企业外部明晰知识转换为自身内部具有自身特点和独特适用性知识的能力，重组能力是指企业创造性地将内外部各种知识、产品、参与者或行为主体进行再次组合的能力[33]。产业链上游和下游企业以及产业集群企业的合作对于中低技术企业加强创新能力也非常重要。对于中低技术产业来说，创新并非仅仅是指世界首创，新知识、新技术、新材料在产业的使用也是一种创新行为[34]。

国外很多学者对高技术产业与中低技术产业的不同创新特点做了研究。Alfred R, Jrgen S[35]（2006）认为中低技术产业通过"干中学"和"用中学"的方式逐渐积累知识并实现创新，而高技术产业则要靠科技最新成果和科技进步来激发创新；就创新的目标而言，Hansen PA, Sefin G[36]（1997）认为实现全新的功能是高技术产业创新的主要目标，而优化工艺、改进设计、提高灵活性和客户满足度等则是中低技术产业创新的主要方向。高技术产业的创新属于激进式创新；而中低技术产业创新则是渐进式创新[37]。Heidenreich[38]（2005）的研究更是指出中低技术产业的创新类型主要是过程创新、组织创新和营销创新。

国内学者从我国传统制造业升级的技术创新路径出发，在吸收欧洲 PILOT 项目成果的基础上对我国传统制造业的创新实现形式也开展了大量研究。江剑[39]等（2008）研究发现，与高技术产业相比，我国低技术产业的创新效率更高、规模报酬递增规律更明显，因此应该加大对中低技术产业的创新投入。王伟光等[40]（2015）在研究了中国的创新驱动模式后得出，从高技术产业向中低技术产业的创新转移和扩散可以促进后者全要素生产率的提升和资源配置的优化，这是中国创新驱动发展的本质所在。他还发现，知识溢出、研发、干中学和知识产权保护是实现创新驱动的关键因素，企业规模对创新驱动发展具有明显的"替代效应"和"规模效应"[40]。

总之，现有的国内关于中低技术产业创新路径的研究结果一致认为，传统制造企业的创新应该注重外部知识的内化和对外部可用资源的创造型重组，走过程的、渐进式的创新道路。

2.3 SWOT 分析法

SWOT 分析法，又叫态势分析法，是哈佛商学院教授肯尼斯·R·安德鲁斯（Kenneth

R.Andrens)于1971年在《公司战略概念》中提出的一种制定经营战略的经典方法[41]。S代表优势(Strength),W代表弱势(Weakness),O代表机会(Opportunity),T代表威胁(Threat),其中,S、W是内部因素,O、T是外部因素。SWOT分析法用系统的思想将组织内部条件分析与外部环境分析结合起来,使得战略计划的制订更加科学全面。

目前,传统的SWOT分析法被广泛应用,但鉴于该方法主观性强、偏定性,有学者在实际应用中重点探讨了如何结合不同的定量分析方法。米克等[42]将层次分析法结合到SWOT分析中,以期改善因素排序和定量分析。国内学者从动态经济学[43]、运筹学理论和效用理论[44]的角度分别探讨了量化SWOT模型。蒋元涛[45]等在SWOT分析框架基础上,建立了以企业战略地位区和战略实力点为条件的双约束战略决策模型。臧维等[46]提出了以具体业务为核心、4个关键步骤为方法的SWOT分析,以强化SWOT分析战略决策对业务的针对性。

SWOT分析法已在医药行业广泛应用于行业发展、医疗管理、政策决策各个方面。王进博等[47]运用SWOT分析法对中医行业现状进行分析,明确了中医行业发展的优势、劣势、机会及威胁,对中医发展方向进行了探讨。李金栋等[48]从政府、企业及个人的角度阐述了健康管理行业的发展现况,通过SWOT分析,提出多方位发展的意见和建议。任孟尧[49]等应用SWOT-CLPV分析模型,从医联体发展的内部优势、劣势和外部机会、威胁及其抑制性、杠杆作用、问题性、脆弱性等方面进行分析与评价,找出其中的主要影响因素,并针对于医联体发展面临的主要困境提出了对策建议。牛田园等[50]从国内社会办中医医疗机构的内、外部环境以及政治、社会、经济和技术等方面构建SWOT-PEST矩阵,对机构的良性发展提出了战略性的意见。

2.4 小结

产业发展需要充分利用产业的比较优势,通过产业的核心要素的培育最终形成产业的竞争优势。创新对竞争优势的培育形成具有重要作用,中低技术产业的创新应该注重渐进式创新,加强企业的知识转换能力和重组能力的建设。知识创新是培育企业核心竞争力、强化竞争优势的关键要素之一,隐性知识—显性知识的知识转化、"场"的建设和知识"冗余"对知识创新的实现至关重要。产业战略的制定要基于产业核心要素的S、W、O、T的态势分析,通过对产业内部的生产要素的优劣势比较和外部需求、竞争、政策、机会等的分析,充分发挥产业自身优势,改变劣势,抓住机会,避开威胁,才能制定出适合产业特点的发展战略。

参考文献

[1]金碚.中国工业国际竞争力——理论、方法与实证研究[M].北京：经济管理出版社，1997.

[2]王恩胡，周子栋，殷红霞，等.西部产业竞争力提升战略研究[M].北京：经济科学出版社，2015.

[3]大卫·李嘉图.政治经济学及税赋原理[M].北京：商务印书馆，1972.

[4]俄林.地区间贸易和国际贸易[M].北京：商务印书馆，1972.

[5]Stiglitz D J E . Monopolistic Competition and Optimum Product Diversity[J]. The American Economic Review，1977，67（3）：297-308.

[6]迈克尔·波特.国家竞争优势[M].北京：中信出版社，2012.

[7]Dong-Sung, Cho. A dynamic approach to international competitiveness：the case of Korea[J]. Journal of Far Eastern Business，1994，（1）：17-36.

[8]陈卫平，朱述斌.国外竞争力理论的新发展——迈克尔·波特"钻石模型"的缺陷与改进[J].国际经贸探索，2002，（3）：4-6.

[9]厉无畏，王秀治.产业竞争力论[J].上海经济，2001，（6）：27-31.

[10]芮明杰.产业竞争力的"新钻石模型"[J].社会科学，2006，（4）：68-73.

[11]裴长洪.利用外资与产业竞争力[M].北京：社会科学文献出版社，1998.

[12]熊彼特.经济发展理论[M].北京：商务印书馆，1990.

[13]（英）波兰尼.许泽民译.个人知识：迈向后批判哲学[M].贵阳：贵州人民出版社，2000.

[14]Collins, H. Structure of knowledge[J]. Social Research，1993，33（60）：95-116.

[15]Blackler, F. Knowledge, knowledge work, and organization：An Over view and Interpretation[J]. Organization Studies，1995，32（16）：121-146.

[16]OECD. THE KNOWLEDGE-BASED ECONOMY[J]. General Distribution Ocde/gd，1996，96.

[17]吕国忱.知识转化论[D].哈尔滨：黑龙江大学出版社，2002.

[18]Debra M.Amidon Rogers.Knowledge Innovation System：The Common Language [J]. Journal of Technology Studies，1993，（19）：2-8.

[19]野中郁次郎，竹内弘高著.吴庆海译.创造知识的企业：领先企业持续创新的动力[M].北京：人民邮电出版社，2019.

[20]吴娣妹，程刚.国内外企业知识创新研究综述[J].情报探索，2017，（9）：118-124.

[21]王俪颖.知识创新对竞争优势的影响研究[D].贵州财经大学，2017.

[22]樊治平，李慎杰.知识创造与知识创新的内涵及相互关系 [J].东北大学学报（社会科学版），2006，8（2）：102-105.

[23]蔡翔，严宗光. 基于过程的知识创新链研究[J]. 华东经济管理，2001，（1）：36-38.

[24]王缉慈. 知识创新和区域创新环境[J]. 经济地理，1999，（1）：12-16.

[25]和金生，熊德勇，刘洪伟. 基于知识发酵的知识创新[J]. 科学与科学技术管理，2005，26（2）：54-57.

[26]姚哲晖，胡汉辉. 知识演化和创新的SECI模型之改进研究[J]. 中国软科学，2007，（9）：124-130.

[27]Henry Mintzberg, Bruce Ahlstrand, Joseph Lampel. Strategy Safari: The Complete Guide Through the Wilds of Strategic Management, 2nd Edition.

[28]刘昌孝. 精准药学：从转化医学到精准医学探讨新药发展[J]. 药物评价研究，2016，39（1）：6-23.

[29]陈敏，王全林，王飞. 循证医学与知识转化[J]. 华西医学，2014，（1）：188-191.

[30]申菲菲，申俊龙，魏鲁霞. 基于隐性知识转化的中医知识创新研究[J]. 中国医药导报，2013，（1）：124-125.

[31]申俊龙，许舒诚，魏鲁霞. 中医药知识代际转移中结构转化研究[J]. 医学与哲学，2016，37（5）：1-4.

[32]许超. 略论我国中低技术产业发展的路径选择：兼评欧盟"低技术产业政策与创新"研究报告[J]. 山西科技，2011，26（1）：1-3.

[33]Bender G. Peculiarities and relevance of non-research intensive industries in the knowledge-based economy [R]. Final Report of the Project "Policy and Innovation in Low Tech-Knowledge Formation. Employment & Growth Contributions of the 'Old Economy' Industries in Europe—PILOT", 2006.

[34]白玲，邓玮. 科技创新在中低技术产业中为什么同样重要?[J]. 社会科学战线，2008，156（6）：80-85.

[35]Alfred R, Jrgen S. Low-tech, innovation and state aid: the austrian case[J]. International Entrepreneur ship and Management Journal, 2007，（3）：247-261.

[36]Hansen P A, Serin G. Will low technology products disappear the hidden innovation processes in low technology industries [J]. Technological Forecasting and Social Change. 1997，55：179-191.

[37]王磊. 中国中低技术产业创新的机理、模式与绩效[D]. 南京大学，2013.

[38]Heidenreich M. The renewal of regional capabilities Experimental regionalism in Germany[J]. Research Policy. 2005，34（5）：739-757.

[39]江剑，官建成. 中国中低技术产业创新效率分析[J]. 科学研究，2008，26（6）：1325-1332.

[40]王伟光，马胜利，姜博. 高技术产业创新驱动中低技术产业增长的影响因素研究[J]. 中国工业经济，2015，（3）：72-84.

[41]倪义芳，吴晓波. 论企业战略管理思想的演变[J]. 经济管理，2001，（6）：4-11.

[42]Kurttila M, Pesonen M, Kangas J, et al. Utilizing the analytic hierarchy process （AHP） in SWOT analysis—a hybrid method and its application to a forest-certification case[J]. Forest Policy & Economics, 2000，1（1）：41-52.

[43]黄晓斌，江秀佳.战略分析模型的动态改进[J].情报理论与实践，2009，32（7）：78-81.

[44]苏斌，王雅芳，周朝民.定量求解SWOT模型最优方法与决策效用[J].技术经济与管理研究，2001，（5）：51-52.

[45]蒋元涛，刘兰娟.基于SWOT的双约束战略决策模型设计[J].管理评论，2005，（6）：41-45+66.

[46]臧维，王方飞.论SWOT分析的实用性改造[J].商业时代，2007，（18）：17+58-59.

[47]王进博，陈广耀.基于SWOT分析对中医发展的几点思考[J].时珍国医国药，2019，（5）：1187-1189.

[48]李金栋，郝晓宁，秦小明，等.我国健康管理发展的SWOT分析[J].卫生软科学，2018，（5）：36-39.

[49]任孟尧，曹晓婧，王恩宇，等.基于SWOT-CLPV理论下的"医联体"发展现状及对策探讨[J].中国卫生产业，2020，（1）：86-89+92.

[50]牛田园，张博源，李筱永.中医药法实施背景下社会办中医医疗机构发展SWOT-PEST分析[J].中国医院，2018，（5）：1-4.

第三章
藏药产业的 SWOT 分析

藏药产业的竞争优势是其赖以生存和发展的基础和依据，竞争优势源于藏药产品和藏药产业两个层面，即藏药产品相对于现代药和其他传统药在疗效、安全性、经济性等方面的治疗优势，以及藏药产业的生产要素、相关需求、政府政策等内外环境对产业发展的推动。

分析藏药产业的竞争优势，首先要明确在现代医疗环境下，藏药与现代药相比有哪些独特的临床治疗优势，还要明确藏药的治疗技术、治疗领域、优势病种的特点。鉴于这些问题目前还没有确定的结论，因此需要通过专家调研、文献研究对上述问题进行明确。在明晰了藏药临床治疗优势的基础上，本章将借鉴 SWOT 分析思想，从波特产业竞争核心要素的不同维度，分析藏药产业提升竞争能力的内外部有利条件与不利因素，产业内部要素重点关注藏药知识资源、创新能力等优劣势比较，外部环境分析则关注当前社会环境变化和医改深化给藏药带来的机会以及竞品（现代药和传统药）、替代品、政策等因素带来的威胁。此外，从中国传统药产业的现状来看，产业创新对传统药产业的影响非常大，因此本文将产业创新能力作为关键的要素单独进行分析。内地消费者对藏药的需求也是藏药需求要素的重要组成部分，因此通过消费者调查的方式了解内地消费者对藏医药文化和藏药的认知和接受情况，并以之作为分析藏药产业外部环境的一个重要考量因素。

3.1 藏药在临床治疗上的优劣势分析

藏药在现代医药环境下主要面临现代药的竞争。同时藏药产业是中药产业和民族药产业的一部分，从产品的角度来看，藏药与中药、其他民族药也存在一定的竞争，因此本章在产业优劣势分析中也会以中药和民族药产业作为参照。

3.1.1 特色藏医理论带来的藏药对疑难疾病的治疗优势

与现代医学和其他传统医学相比，藏医学的一些特色治疗理论有很高的现代应用价值。

由于藏医解剖学在古代比较发达[1]，所以很多藏医学理论兼具中、西医之长，除了有对器官、组织功能的主观推衍之外，还有一些局部解剖的认知特色。藏医在其优势领域如神经系统疾病、风湿免疫系统疾病的治疗理论与中医有很大差异，在治疗方法上与现代医药和中医药相比兼顾更多器官，治疗手段也更多样化。这种对疑难性疾病的特色理论带来的疗效和安全性特点就形成了藏药在特色领域的理论优势。

（1）"黄水病"理论使得风湿类疾病的治疗更安全

由于藏族聚居区域的高原寒湿气候、饮食习惯、生活方式等原因，藏族骨骼肌肉相关疾病多发，大骨节病的发病率具全国之首，风湿类疾病更是多见。藏医学认为风湿类疾病基本属于藏医的"黄水病"范畴，与代谢障碍、消化不良的关系密切，在治疗上关注"胃"对"黄水"生成的调节，主张通过"调胃"来治疗风湿类疾病，而不是单纯地抗炎止痛。现代医学治疗风湿免疫系统疾病往往采用对胃黏膜、心血管有一定的风险的非甾体类镇痛的化学药[2]，中医则多以祛寒除湿、活血通经的中药进行治疗，这类中药久服容易有消化道反应[3]，但藏药通过服用"石榴健胃丸"之类的"调胃火"的药物治疗风湿免疫疾病[4,5]，则没有这种弊端，药性和缓、安全性好，对合并心脏、消化等多系统疾病的老年患者尤其适宜。因此，藏药在风湿免疫系统疾病的医学理论和实践上与中医、西医相比有一定的安全性优势。

（2）"隆病"理论使得神经系统疾病的治疗手段更多样化、疗效更优

藏医理论认为，"隆"运行于"白脉"之中，主司人体的功能活动。脑卒中、神经退行性病变、失眠、抑郁症等神经系统疾病属于"隆病"范畴。藏药治疗"隆病"的处方非常多，约占已上市处方的12%[6]，品种资源非常丰富。藏医对神经系统重大疑难病"帕金森病"[7]、阿尔茨海默病（AD）[8,9]脑萎缩[10]等"隆病"，除了口服独特的复方芳香类植物药"八味沉香丸、十一味甘露丸、十五味沉香丸、二十味沉香丸"等"降隆"制剂外，还采用"三果""五根"等补养保健药物，以及火灸、涂擦、头浴等药械配合的外治方法[11-13]。这些原创性的"隆病"藏药组合内外同治，不仅疗效好，而且使用安全，为上述神经系统疑难病的治疗提供了一种新的治疗选择。有研究发现，藏药口服内调和藏医外治涂擦、热敷配合对神经系统疑难病帕金森病的有效率达到90%，与化学药联合用药的疗效相当，但相比化学药20%～80%的不良反应发生率，安全性更优[14,15]。藏药"降隆"的方法治疗失眠，安全性好，有效率达96%[16-19]，而同样以安全性见长的中药的有效率则在76%[20,21]左右。

3.1.2 藏医特色外治法带来的独特的疾病防治效果

藏医有很多无创而且简便效廉的外治法，如药浴、涂擦、隆灸、赫尔麦等，在临床上

常常被用于如强直性脊柱炎、类风湿关节炎、脉管炎、痛风、缺血性眩晕、神经性头痛等现代医学的难治性疾病。这些含药的外治法中又以藏药浴的研究和应用最为广泛，研究发现藏药浴配合口服藏药对强直性脊柱炎的临床治愈率高达72%，要远高于当前应用最普遍的生物药肿瘤坏死因子抑制剂的60%的有效率，而且安全性更好[22]。

以白脉涂擦剂外用为代表的藏药"白脉外治疗法"甚至填补了现代康复领域的空白[2]。目前除了肉毒素、肌松剂等剂量范围窄、安全性欠佳的西药外，尚未发现对肌张力有调节作用的药物，研究发现白脉软膏外涂可改善脑卒中患者肌张力，缓解患者疼痛，其安全性好，皮肤刺激性较小[23]。

藏医特有的头浴、赫尔麦等局部用药治疗全身疾病的外治法对抑郁症等精神神经类疾病疗效肯定[13]，没有任何不良反应；甚至对目前尚无有效药物的脑卒中伴发的不同程度精神障碍，这些和缓的藏医外治方法（藏医灸法、香熏疗法、药浴疗法）也有综合调节、改善的作用[24]。

藏药中还有一类特有的熏香治疗疾病的外治方法，不仅可以用于失眠等内科疾病[25]，而且对于传染性疾病预防很有帮助，在历次的呼吸道传染性疾病预防中发挥着重要作用[26]，在没有疫苗可用的突发性传染病流行期间，这类简便、易得、广谱的预防疗法具有很高的医用价值和社会价值[24]。

3.1.3 藏药对临床常见慢性、多发性疾病的治疗优势

由于当前尚缺乏关于藏医治疗优势的明确研究结论，因此采用调查法确定藏药的优势病种，通过文献法研究藏药对于这些病种的疗效和安全性。

（1）通过藏医专家调研明确藏药优势病种

西德临床学家伊丽沙白·芬克曾在其《西藏医学基础》一书中提到"藏医对于某些疾病来说，比其他（医疗）体系高明得多"[27]。但是藏医药的优势到底是什么，目前还没有公开的研究结论。在2019年10月至11月间，作者针对藏药治疗的特点、优势治疗领域和优势病种，对西藏、青海、四川、甘肃和云南藏区临床一线的高年资藏医医生进行了问卷调查。

1）调研问卷设计和实施。调研的病种采用现代医学的疾病诊断名称，病种选项主要源于：①五省藏区藏医院规模最大、科室分科最齐全的西藏自治区藏医院所总结的藏医优势病种26条。②藏医临床研究文献中显示的藏药有一定治疗效果的现代疾病。③通过4位藏医医生的预调研，进一步补充和完善疾病条目。一共设计疾病条目64条，详见附件——《藏医药优势领域和优势病种调研问卷》。

共有西藏、青海、甘肃、四川和云南五省区 33 位藏医医生接受了调研，其中有 32 位医生工作时间都在 10 年以上，工作 20 年以上的医生占 64%。

2）调研显示，副作用小和远期疗效好是藏药的主要优势。有 90% 左右的医生认为藏医药最大的优势是副作用小和远期疗效好、不易复发；有不到一半的医生认为藏药的特点是疗效好、治愈率高，见表 3-1。

表 3-1　藏医药治疗主要优点 *
Tab 3-1　The main advantages of Tibetan medicine

特点	起效快	不良反应小	治愈率高	远期疗效好
比例	15.15%	84.85%	48.48%	84.85%

* 备注：医生总数为 33 名，下同。

3）调研显示，藏医药在消化、神经等治疗领域有一定优势。在关于藏医优势领域的认知调查中，消化、心脑血管、神经、肝胆、骨骼肌肉被认为是藏医药的优势领域，有 1/3～1/2 的藏医医生认为妇科疾病、肿瘤放化疗后、呼吸病领域也是藏医药优势治疗领域，见图 3-1。藏医药这些优势治疗领域与当前我国高发的慢性病领域有很多重合。根据国务院办公厅发布的《中国防治慢性病中长期规划（2017—2025 年）》，心脑血管疾病，癌症，慢性呼吸系统疾病，糖尿病以及骨骼、神经等疾病是我国当前主要慢性病[28]。藏药有望在一些有优势的慢性病治疗领域发挥重要价值。

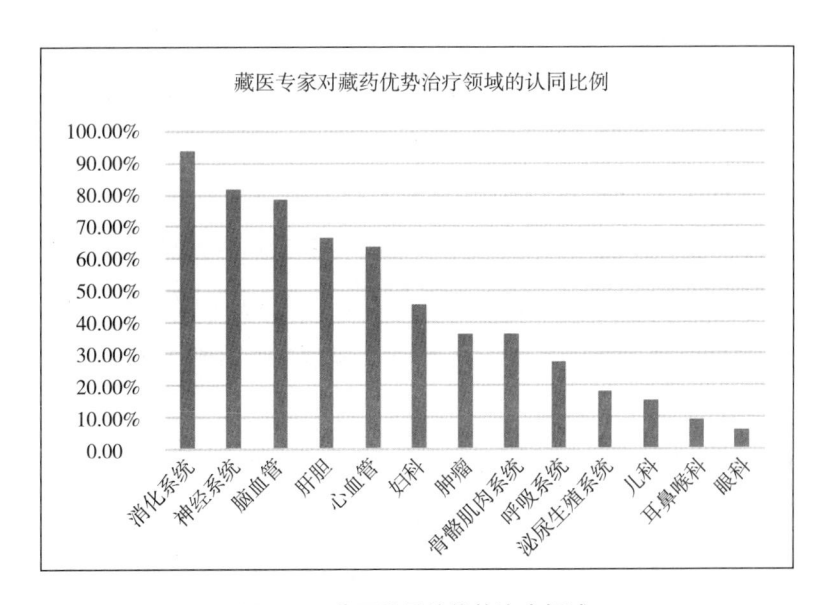

图 3-1　藏医认同的优势治疗领域
Fig 3-1　Advantage therapy area of Tibetan medicine recognized by Tibetan medicine doctors

4）调研显示，藏药前 10 位的优势病种多在消化和神经系统等领域。在藏医认同的藏药优势病种中，排在前 10 位的分别是痛风、慢性萎缩性胃炎、慢性浅表性胃炎、胆汁返流性胃炎、类风湿关节炎、失眠、功能性消化不良、慢性肠炎、神经性头痛、脑梗死（见图 3-2）。显然，这些疾病以消化系统、神经系统疾病为主，与前面关于治疗领域的认识比较一致。

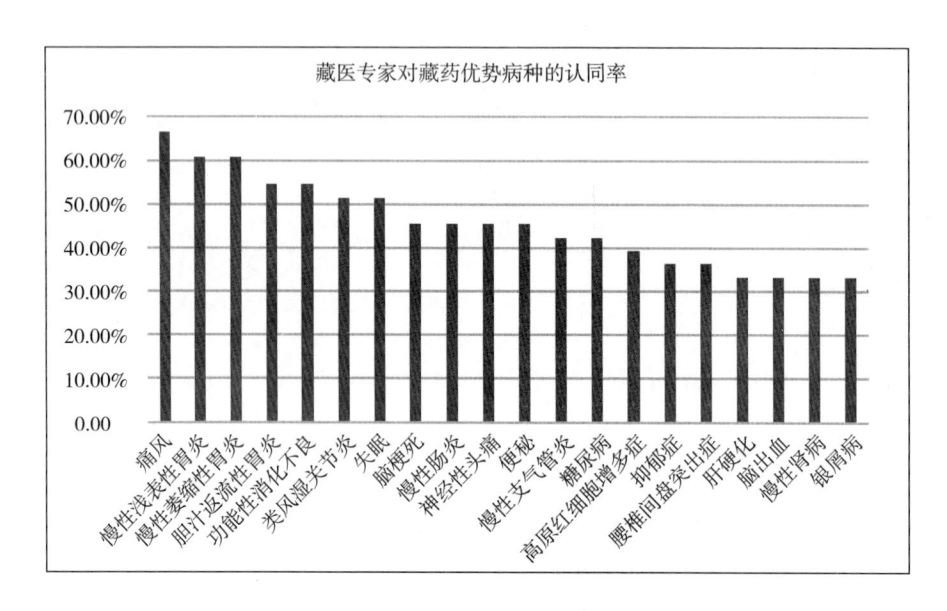

图 3-2 藏医认同率比较高的优势病种

Fig 3-2 The dominant diseases of Tibetan medicine with high recognition rate in Tibetan medicine doctors

5）藏医疗效最优的 10 种疾病中多数也是内地常见病和多发病。由于医生用药经验、擅长治疗病种等不同，藏医在疗效最优的 10 种疾病的认知上差异比较大。相较而言，痛风、功能性消化不良、类风湿关节炎、慢性萎缩性胃炎、失眠排在藏医认为疗效最好的疾病中的前 5 位见图 3-3。在藏医专家认为藏药治疗效果最好的 10 种疾病中，除了高原红细胞增多症是高原地区特有疾病外，其他的疾病在全国都属常见病。以代谢性疾病"痛风"为例，目前我国痛风发病呈增加趋势，患病率已经高达 1% ~ 3%[29]。消化系统疾病"功能性消化不良"[30]也成为当前的常见病和多发病，而且缺乏安全、有效的药物治疗方案。

6）藏医优势病种与中医优势病种有一定的互补。在 2019 年 10 月 26 日发布的《中共中央国务院关于促进中医药传承创新发展的意见》[31]中，明确指出中医药有优势的领域，如骨伤、肛肠、儿科、皮科、妇科、针灸、推拿等；明确中医药有协同治疗作用的疾病，如恶性肿瘤、心脑血管病、糖尿病、感染性疾病、老年痴呆和抗生素耐药问题等。与前面藏医优势病种调研的结果相对照，可以发现藏医的优势领域与中医优势领域有重叠部分如骨伤科，但不同之处更多，如神经系统、消化系统等领域，这些有差异性的领域恰恰成为藏医药的特色和现代临床发展方向。

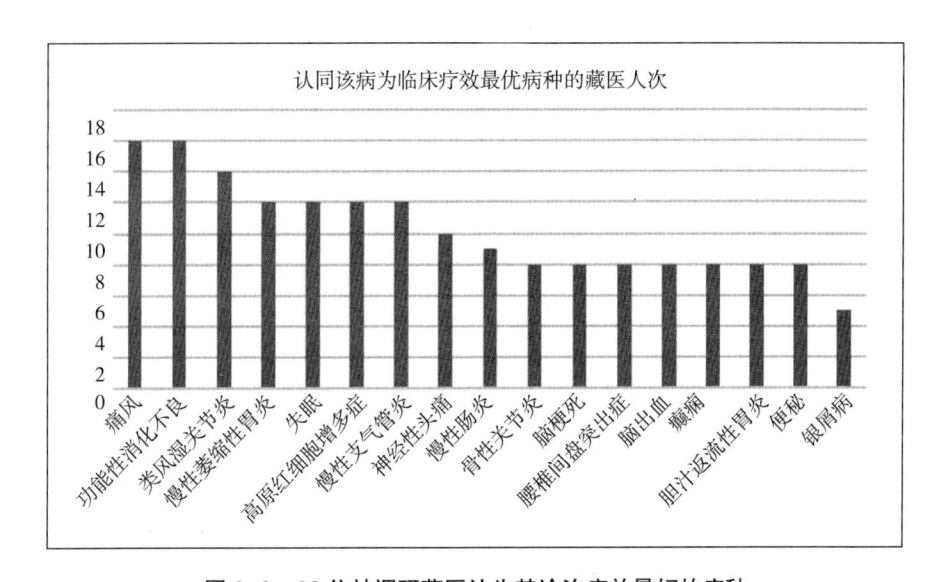

图 3-3　33 位被调研藏医认为其诊治疗效最好的病种

Fig 3-3　The most effective disease for the investigated 33 Tibetan medicine doctors

（2）藏药对优势病种脑梗死的疗效优势

1）藏药与中药相比对脑梗死有一定疗效优势。有研究对比了应用藏药二十五味珊瑚丸和中药活血通脉片治疗脑梗死的疗效[32]。二十五味珊瑚丸组总有效率达到 95.56%，活血通脉片组总有效率则只有 71.11%（$P < 0.05$），二十五味珊瑚丸在 NIHSS 评分下降上也明显优于对照药活血通脉片（$P < 0.05$），证明二十五味珊瑚丸治疗脑梗死疗效显著，可促进神经功能的恢复，提高生活质量。

2）藏药可以和中西药物、康复治疗配合提升脑梗死的治疗效果。有研究发现，脑梗死患者给予中药血塞通干粉剂后，联合服用藏药七十味珍珠丸、二十五味珍珠丸，评估神经功能缺失症状和体征，合用藏药组的有效率达 96.7%，明显高于单用血塞通组（76.7%），且对血常规、肝功能、肾功能等安全性指标无影响[33]。藏药白脉软膏联合中医推拿治疗可增强患者肢体运动功能，提高其日常生活能力，疗效优于单独应用中医推拿，对病程短、年轻脑卒中患者的肢体痉挛效果更明显[34]，配合五味甘露药浴[35]外治疗效更佳。对卒中后偏瘫患者施以白脉软膏涂擦并穴位按摩治疗 15 天，对照组只是予以常规护理，发现治疗组与对照组相比能够更好地降低神经功能缺损评分，促进偏瘫患者肌力恢复，该方法疗效显著、简单易行[36]。

藏药外用可以提高脑梗死的康复治疗效果。研究发现，在改善卒中后肩手综合征患者的上肢关节疼痛和改善肩关节活动度方面，藏药青鹏软膏与常规现代康复组合应用比单用现代康复治疗具有明显疗效优势，而且安全性好[37]。在一项针对脑卒中软瘫期患者的多中心、随机、平行对照临床研究中，发现干预6周后，藏药白脉软膏组在手运动功能状态评分、Wolf运动功能测试评分、徒手肌力评分、MBI等方面疗效优于单用现代康复的对照组，且该差异可以在随访期保持，证明藏药白脉软膏对于脑卒中患者软瘫期上肢手功能障碍的改善有促进作用[38]。

（3）藏药治疗骨性关节炎的有效性和安全性优势

骨性关节炎（Osteoarthritis，OA）的治疗在临床上多以止痛为主，其中非甾体类抗炎药应用最广，长期服用该类药物可导致胃肠道反应等不良事件高发[39,40]。

藏药在OA的治疗中，与化学药和中药相比，疗效与安全性均有显著优势。在一项藏药消痛贴膏治疗膝关节骨性关节炎的临床疗效观察[41]中，200例受试者随机分为试验组（消痛贴膏，100例）和对照组（吲哚美辛巴布膏，100例）。主要疗效指标为症状总积分，研究发现试验组愈显率显著高于对照组（$P < 0.05$）。消痛贴膏对膝关节骨性关节炎的局部疼痛、活动受限有较好疗效，两组均未有不良反应发生。张华等[42]研究比较了藏药消痛贴膏和化学药辣椒碱软膏治疗骨性关节炎的临床疗效，试验组（消痛贴膏）可显著减轻骨性关节炎患者的疼痛，疗效优于对照组（辣椒碱软膏）。试验组不良反应相较对照组少而轻，受试者耐受性明显优于对照组。有研究[43]选用藏药红花如意丸联用盐酸氨基葡萄糖胶囊治疗70例双下肢膝关节骨性关节痛女性受试者，用药4周，随访4周，对照组仅口服盐酸氨基葡萄糖胶囊。以WOMAC评分、VAS评分、临床症状评分（疼痛、压痛、肿胀、功能障碍）为疗效指标，结果发现治疗组有效率达到80.00%，明显高于对照组（51.52%）。

（4）藏药治疗类风湿关节炎的有效性和安全性优势

类风湿关节炎（Rheumatoid arthritis，RA）是一种缺乏特异性治疗措施的自身免疫系统疾病，临床上主要以缓解疼痛，阻止骨、关节损坏，减缓疾病进展，提高生活质量为治疗目标[44,45]。在RA治疗中，联合应用藏药，可提高疗效，降低临床不良反应。林慧等[46]对藏药二十五味驴血丸治疗RA的临床疗效进行探讨，对照组为常规治疗（非甾体消炎镇痛药及改善风湿病情药，60例），试验组为西药常规治疗加二十五味驴血丸（60例），疗程均为12周。结果试验组有效率为91.67%，显著高于对照组71.67%（$P < 0.05$），二十五味驴血丸联合非甾体消炎镇痛药可明显改善RA患者的症状（晨僵时间、关节压痛数、关节肿胀数）。一项藏药联合甲氨蝶呤治疗类风湿关节炎的疗效观察[47]中，对照组只给予口服甲氨

蝶呤，治疗组在甲氨蝶呤的基础上加藏药（早晨二十五味驴血丸、中午如意珍宝丸、晚上二十五味儿茶丸）口服和藏药全身泡浴，治疗3个月，治疗组总有效率为95%，优于对照组的77%，两组有明显差异（$P < 0.05$）。在安全性方面，治疗组无明显不良反应，对照组不良反应率达52.5%，表现为不同程度的腹泻、转氨酶增高、口腔出血、口腔黏膜溃烂等，说明藏药口服加外用不仅可以提升化学药治疗效果，而且可以显著降低其不良反应率。

（5）藏药治疗痛风的有效性和安全性优势

藏药对痛风患者急性期控制关节疼痛、肿胀症状和降低血尿酸均有显著疗效，而且安全性要好于化学药。有研究[48]采用藏药痛风汤散（一种藏药院内制剂）治疗60例痛风发作患者，对照组给予别嘌醇、秋水仙碱、双氯芬酸钠缓释片，连续服用2个月。结果显示藏药"痛风汤散"明显改善痛风的疼痛、肿胀等症状，疗效明显高于对照组（有效率分别是90%和75%）；西药组虽然也能够减轻痛风发作的病痛，但容易复发，药物对胃肠道刺激大，患者往往难以坚持服用，导致治疗效果降低。在一个经典藏药如意珍宝丸治疗痛风急性发作的研究[49]中，以别嘌醇片、右旋布洛芬片和碳酸氢钠片口服作为对照，连续治疗3天后，如意珍宝丸组对痛风的总有效率为96.7%，对照组总有效率为83.3%，其他如关节肿痛指数、血尿酸、肌酐、尿素氮等指标，治疗组均显著优于对照组（$P < 0.01$）；对照组在用药过程中还出现不同程度的纳差、恶心、肝肾功能受损等药物不良反应，而治疗组未出现，显示了如意珍宝丸对痛风急性发作良好的安全性和与常规化学药治疗相比的优效性。还有研究[50]以藏药"痛风消痛涂剂"外敷，与口服秋水仙碱片对照，治疗7天，疗效两组比较，治疗组总有效率为96.8%，对照组总有效率为88.8%，在关节疼痛、红肿评分和血尿酸等评价指标上治疗组也优于对照组（$P < 0.05$）；不良反应发生情况对比，治疗组出现1例敷药处局部皮肤反应，但不影响继续治疗，其他无任何不良反应；对照组有7例发生胃肠道反应，两组差异具有统计学意义（$P < 0.05$）。

藏药与化学药合用还可以提升痛风的治疗效果，缩短病程。研究发现藏药青鹏软膏合用双氯芬酸钠治疗痛风急性发作，与单用双氯芬酸钠组相比，可以迅速消除关节肿胀，在治疗3天后关节疼痛、压痛、功能方面两组比较均有统计学意义，综合临床疗效在治疗后1、3、7天组间差别均具有统计学意义，尤其是在治疗后3天组间差别最明显[51]。

（6）藏药治疗其他优势病种的有效性和安全性优势

除了上述的痛风骨性关节炎、类风湿关节炎、脑梗死之外，还有多种消化系统、神经系统疾病也被藏医认为是相对于现代医学具有治疗优势的病种。表3-2为功能性消化不良等优势病种的藏医临床用药和治疗效果的研究总结。

表 3-2　藏医优势病种的治疗用药和效果分析

Tab 3-2　The effectiveness of the treatment drugs to dominant diseases of Tebitan medicine

疾病名称	治疗用药	藏药用药方式	藏药治疗效果（与化学药对照）
功能性消化不良	六味能消胶囊	单药口服	应用六味能消胶囊治疗 35 例功能性消化不良患者，用药 4 周，症候评分，总有效率（94.29%）高于对照药多潘立酮（71.43%），差异有统计学意义[52]。另一个研究将六味能消胶囊与莫沙比利做随机对照研究，两组治疗功能性消化不良的有效率分别为 74% 和 72%（$P > 0.05$），差异无统计学意义，显示六味能消胶囊与莫沙比利在胃动力促进作用和治疗效果上相当，但部分患者西药停药易复发，长期服用西药患者耐受差且可能会出现恶心、皮疹等不良反应[53]
便秘	六味安消散	单药口服	六味安消散 + 一般治疗（饮食、运动、提肛训练、心理治疗）治疗功能性便秘 33 例，痊愈 18%，显效 42%，总有效率 97%；对照组 35 例只采用一般治疗，痊愈 12%，显效 36%，总有效率 74%，两组有显著性差异[54]
神经性头痛	二十五味珊瑚丸、胶囊	单药、组合用药 / 或外治	二十五味珊瑚胶囊组治疗神经性头痛 33 例，有效 30 例，总有效率为 90.9%；对照组镇脑宁 30 例，有效 22 例，总有效率为 73.3%，两组比较，治疗组显著优于对照组[55]
			另有研究发现，应用二十五味珊瑚胶囊结合护理干预治疗神经性头痛患者 30 例，有 12 例控制，7 例显效，8 例有效，总有效率为 90.00%；对照组镇脑宁 + 护理干预组 30 例，有 8 例控制，6 例显效，5 例有效，总有效率为 63.33%；两组差异明显（$P < 0.05$）[56]

另外，当前还有很多藏药治疗慢性萎缩性胃炎、失眠、慢性肠炎的研究，但研究设计上为自身前后对照，未设置中药或西药对照组，而且治疗用药上有将近一半的药为院内制剂或藏医自拟组方，因此不做一一分析。从文献报道的治疗效果来看，有优于同类化学药或中药的趋势[57-85]，见表 3-3。

表 3-3 藏医优势病种的治疗用药和效果分析
Tab 3-3 the effectiveness of the treatment drugs to dominant diseases of Tebitan medicine

疾病名称	治疗用药	用药方式	藏药治疗效果
慢性萎缩性胃炎	仁青芒觉,能安均宁散,六味能消,金灯当佐*、仁青常觉、十五味黑药、坐珠达西	单药口服；组合用药	（病例数 405）症状有效率为 87%,胃镜有效率 58%,病理有效率 57%[57-62]
慢性浅表性胃炎	坐珠达西,十五味黑药胶囊（丸）,智托洁白丸,仁青芒觉,二十五味大汤丸,夏萨德西*,石榴健胃散,六味能消散,四味光明盐汤散*	单药口服；组合用药	（病例数 817）临床显效率 75%；有效率 11%,总有效率 86%[63-66]
慢性肠炎	九味石榴丸*、五味黄连丸*、九味渣训丸*、仁青芒觉、十五味黑药散、培根药酒*、七味熊胆散*、洁白丸	组合口服、药酒+火灸/涂擦/灌肠	慢性肠炎（139 例）：痊愈率 71%,显效率 17%,好转 10%；溃疡性结肠炎（63 例）完全缓解率 54%,有效率 33%[67-72]
失眠	十五味沉香丸、十一味维命丸、八味沉香丸、二十味沉香丸、三十五味沉香丸、安神丸；三味豆蔻汤散*、索曾居杰*、瑟梅森汤*、八味阿魏丸*、二十五味维命丸*、赫尔美外治疗法*	单药口服、组合用药、单用外治疗法	（病例数 227），其中痊愈率 67%,显效率 20%,总有效率 96%[73-80]

备注：带*的为藏药院内制剂。

3.1.4 藏药对部分临床常见疾病的经济性优势

药物经济学研究表明，藏药外用药消痛贴膏在急性腰扭伤和膝关节骨性关节炎的治疗中，跟对照药物化学药双氯芬酸二乙胺乳胶剂（扶他林）和中药云南白药膏相比具有一定的成本效果和成本效用优势[85, 86]。

多中心、大样本的藏药药浴应用于脑卒中康复的卫生经济学研究表明[87]，与常规康复治疗组相比，藏药药浴组（五味甘露藏药浴+常规康复治疗）对脑卒中恢复期患者 Fugl-

Meyer 评分（FMA）每提高 1 分可节省 720.32 元；改良 Barthel 评分（MBI）评分每提高 1 分，藏药药浴组可节省 549.18 元；比较两组的增量成本效果比（ICER），也发现藏药浴组具有更好的成本效果。因而，采用常规康复结合藏药浴对于卒中康复治疗有一定的经济性优势。

3.1.5 藏药在现代临床应用方面还存在很多不足

由于藏医药理论差异、安全性和有效性研究不足等问题，当前藏药的临床应用仍然面临着巨大的障碍。

（1）藏医药传统理论的差异给藏药现代临床应用带来一定的障碍

1）藏医理论与现代医学理论的差异构成了西医对藏药临床应用的障碍。理论差异是藏医药和现代医药知识交流时的巨大障碍。藏医药学内在的东方哲学思维的理论内核与现代的自然科学思维有很大的差异，藏医药学虽然有古代解剖学的基础，但更多的是由外及内的思辨和推理，与以实验和数学推导为基础的物理、化学等自然科学还是有很大不同。现代医学是吸收了自然科学的一些内容和思想而发展起来的，这种在现代自然科学采用程度上的差异造成了藏医药学术传播时受众理解和接受时的困难。对西医医生来说，藏医理论跟现代医学几乎没有交集，如果没有合适的知识转化，接受藏医理论基本是不可能的。

2）藏医理论与中医理论的差异带来了中医对藏药临床应用的障碍。藏医药理论和中医理论有一定同源性但差异还是比较大（见表 3-4），接受过中医教育的中医医生对藏医的配方理论和药物用法仍会有很多异议。例如"寒热属性"是藏医学、中医学中最核心的概念，但由于藏医和中医对"寒热"定义的不同，因此对一些藏药的用途很容易在"寒热属性"上产生歧义。藏医认为所有的肝胆疾病均与"赤巴病"有关，所以肝胆疾病都是"热"证，但是藏医的"肝热"与中医的"肝热"的内涵并不相同，所以对中医诊断为"肝胆火旺"的患者，藏医"清肝热"的药物就未必适用。又如月经病，中医认为有"虚实寒热"的区别，但藏医认为月经病与血有关，为"热"证，所以藏医治疗妇科血证（热证）的药物也未必适合中医妇科的热性疾病。这种理论差异给内地中医医生带来诸多的认识上的困惑，最终增加了藏药合理使用的难度。

（2）藏医特色外治技术为中西医生接受和应用还存在一定难度

藏医特色外治技术差异化明显，但由于作用原理不清、疗效不明和操作条件不具备等原因，藏医的很多特色技术很难为内地临床医生所接受。以藏医治疗"隆病"的特色疗法——涂擦疗法为例，传统的藏药涂擦疗法一般以藏民日常食用的酥油为基质，与藏药粉末混合后涂抹在患处，而且要求施术者要对患者反复揉按穴位和摩擦肌肤 10 分钟以上，然后配合晒太阳或热疗使得药物充分吸收。该外治技术将药物的化学药刺激和外力对皮肤肌肉的机械挤压以及热力的理疗作用很好地结合在一起，而且酥油和藏药的气味、颜色在藏区的医院很容易为患者所接受，操作场地也比较便利，因此这种疗法在藏医院颇受欢迎。但是在内地的诊疗环境下，由于医生对外治疗法原理不理解，患者对涂擦药物的气味、颜色等不太容易接受，再加上内地医院的诊疗模式和场地设置的差异等原因，涂擦疗法在内地理疗康复领域一直未能得到充分的应用。

表 3-4 藏医药与中医药在理论和药物方面差异简表

Tab 3-4 Differences between Tibetan medicine and traditional Chinese medicine in theory and medicine

藏医与中医差异点	藏医	中医	备注
理论基础	"隆、赤巴、培根"的三因理论；五源理论："土、水、火、风"四大物质加上"空"	"阴阳"为核心的二元理论；五行理论："木、火、土、金、水"五种物质属性	
经脉理论	黑脉、白脉	经络	
药性理论	六原味、三消化后味、二力、八性、十七效	四气五味、归经	藏医、中医对共用药材在性味和用途上的认识有很大差异
常用药材	《伤寒杂病论》中，麻黄、桂枝、石膏、附子、干姜、柴胡等是主要的药材[88]	《四部医典》中以诃子、天竺黄、红花、荜茇、干姜等为常用药材，其中冰片、天竺黄、红花、檀香等凉性药物和石榴子、荜茇、肉桂、豆蔻等温性药物最常见[89]	部分同名药材的药用部位不同，如中医用秦艽的根而藏医用秦艽的花
口服药物	时辰用药，同一天中分别服用不用的成药进行治疗；单个成药配方相对固定	一剂药，水煎分成早晚两次服用；方剂配伍加减灵活	
外治技术	放血、艾灸、罨敷、涂擦、滴鼻、导泄、药浴、穿刺等，其中涂擦疗法、放血疗法和药浴疗法等是藏医特色疗法	针灸	

(3) 藏医特色外治技术为中西医生接受和应用还存在一定难度

藏医特色外治技术差异化明显,但由于作用原理不清、疗效不明和操作条件不具备等原因,藏医的很多特色技术很难为内地临床医生所接受。以藏医治疗"隆病"的特色疗法——涂擦疗法为例,传统的藏药涂擦疗法一般以藏民日常食用的酥油为基质,与藏药粉末混合后涂抹在患处,而且要求施术者要对患者反复揉按穴位和摩擦肌肤10分钟以上,然后配合晒太阳或热疗使得药物充分吸收。该外治技术将药物的化学药刺激和外力对皮肤肌肉的机械挤压以及热力的理疗作用很好地结合在一起,而且酥油和藏药的气味、颜色在藏区的医院很容易为患者所接受,操作场地也比较便利,因此这种疗法在藏医院颇受欢迎。但是在内地的诊疗环境下,由于医生对外治疗法原理不理解,患者对涂擦药物的气味、颜色等不太容易接受,再加上内地医院的诊疗模式和场地设置的差异等原因,涂擦疗法在内地理疗康复领域一直未能得到充分的应用。

(4) 部分藏药存在一定的安全性隐忧

1) 矿物药和(或)重金属的使用给藏药的安全性带来潜在风险。藏药配方中经常含有矿物药,肝胆疾病常用的绿松石,心脑血管疾病常用的珊瑚、玛瑙等都是藏医特色矿物药材。藏药治疗消化系统和神经系统疾病的四大珍宝药(仁青常觉、仁青芒觉、坐珠达西、七十味珍珠丸)基本都含矿物药和"佐太"(主要成分是硫化汞),在《藏药部颁标准》的200个藏药处方中,含矿物药的有80多个;在135个藏药独家品种中,含有矿物药的有61个,几乎占到一半,其中还有7个含有朱砂(主要成分是硫化汞),7个含有银朱(一种含汞的藏药矿物药)。

当前内地的医生和消费者大多比较关注藏药矿物药的问题,对矿物药中是否含铅、汞等重金属比较重视。调研中在提及对藏药的印象时,有14.68%的人的印象是藏药含矿物药多,还有部分人认为藏药可能有重金属问题。再加上藏药的基础研究比较薄弱,即使有一些含矿物药的安全性证据,但知识的系统性和机制研究的深度与化学药相比仍然有非常大的差距,因此也很难说服消费者和医生关于矿物药使用的合理性,反而一旦有藏药含重金属的报道,却更容易引起医药界的瞩目[90],这在无形中给藏药蒙上了一层安全性堪忧的阴影,一定程度上对于藏药的使用带来了阻碍。

2) 部分藏药含有一定安全风险的藏药材。国家药监局发布的含有马兜铃属药材(有致癌风险)的已上市中成药有47个,其中20个是藏药[91]。在统计的135个藏药独家品种中,有9个品种含有马兜铃属药材。另外,在抗炎止痛类和抗呼吸道传染性疾病的藏成药中,往往会使用藏医认为有防瘟疫、镇痛作用的藏药材铁棒锤,该药材含有毒性成分乌头碱,对心脏功能不好的患者有一定风险[92]。

（5）大部分藏药缺少精准定位下的现代疗效的证据

由于传统藏药主要以藏医理论指导应用，大复方多，疗效呈多向性，临床上偏组合用药为主，所以大部分经典藏药都难以给出在某一特定疾病、特定症状上与现代药物相比的临床价值。例如，经典藏药"如意珍宝片"可以用于风湿性疾病为代表的"黄水病"，也可以用于神经系统疾病为代表的"白脉病"，临床上既可以用于关节炎的镇痛，又可以用于卒中后的偏瘫，还可以用于颈椎病、腰椎间盘突出症等，如此多的用途使得藏药似乎"包治百病"，又似乎"什么病都治不了"。造成这种现象的根本原因就是缺乏在竞争环境下基于临床真实需求和产品疗效优势的产品精准定位。到目前为止，大部分的藏成药缺乏在现代医用环境下的精准临床定位研究及其相关的有效性和安全性的研究证据。

3.2 基于藏药产业竞争核心要素的 SWOT 分析

根据波特的产业竞争优势理论，生产要素、相关需求、同业竞争、辅助产业以及机会和政府是影响产业竞争优势的主要因素。下面从生产要素、产业创新能力、政府政策、相关需求的角度分别对藏药产业竞争态势进行 SWOT 分析，其中生产要素、产业创新能力代表产业内部因素，相关需求、政策代表外部的机会和威胁。

3.2.1 藏药产业在生产要素方面的优劣势分析

有临床治疗优势的特色药物是藏药产业发展的核心生产要素。此外，藏药原创的、保存完整的知识资源也是藏药产业的高级生产要素，是藏药产业竞争优势的关键来源。

（1）藏药产业文号资源的优劣势分析

1）藏药产业有多个获批上市的独特的外治药物。外用藏药实际上是藏医传统外治技术的延伸，本身就是外治技术和医疗知识的特殊载体，而且适合与现代先进的康复理疗方法配合使用以增强其效果[93, 94]。这些外用产品的优势在于临床使用时基本不需要辨证，因此不需要掌握太多藏医理论和诊断标准，不懂藏医辨证的中西医生都可以根据药物现代功效进行应用，便于标准化操作。而且这些外用品种适用范围广，可以用于骨骼肌肉系统和神经系统等多个系统疾病的治疗。根据 2018 年米内网数据，藏药在全国销量最大的 5 个产品中，外用产品占 2 个，藏药外用药占所有藏药销售的 40% 左右（中药外用剂型只占中药市场的不足 5%），可见藏药外用产品更受内地市场的青睐。

藏药产业储备了一批独具特色的外用药物如白脉软膏、五味甘露药浴汤散等，见表 3-5，未被开发出来的外用配方就更多。藏药白脉软膏是目前唯一获得国家正式批准文号的用于肢体功能康复的软膏剂，在所有的现代药和传统药中具有独占性，在骨骼肌肉和神经系统相关疾病中显示出非常好的临床应用前景[2]。五味甘露药浴颗粒、五味甘露药浴洗剂和五味甘露浴汤散作为目前国家药监部门唯一批准的用于药浴的成药制剂，也是中药行业和其他民族药行业所不具备的品种资源。成药制剂具有标准化、便捷化的优点，尤其适合大规模的产业化推广。奇正藏药对109位藏药浴相关的藏医医生的调研显示，类风湿关节炎、腰椎间盘突出症、骨性关节炎是藏医认为药浴治疗效果最好的疾病，这些疾病也正是藏医优势治疗领域骨骼肌肉相关的最常见病种，也是内地的多发病和常见病，因此藏药浴产品具有非常广阔的应用前景。

表 3-5　已经上市的骨骼肌肉、神经系统领域的藏药外用制剂

Tab 3-5　Tibetan medicine for external use in the drug field of skeletal muscle and nerve system

序号	名称	生产厂家	治疗领域	备注
1	五味甘露药浴颗粒	久美、金诃、奇正	骨骼肌肉系统疾病；脑血管病	可用于预防保健；需要器械配合使用
2	五味甘露药浴洗剂	金诃	骨骼肌肉系统疾病	
3	五味甘露药浴汤散	佛阁、晶珠、帝玛尔、昌都日通、金诃、林芝宇拓、昌都藏药	骨骼肌肉系统疾病；脑血管病；妇科疾病；皮肤疾病	
4	青鹏软膏/青鹏膏剂	金诃、奇正、通天河、雄巴拉曲神水	骨骼肌肉系统疾病；皮肤疾病	可用于痛风
5	白脉软膏	奇正	神经系统疾病；脑血管病；骨骼肌肉系统疾病	
6	铁棒锤止痛膏	佛阁	骨骼肌肉系统疾病；神经系统疾病	
7	消痛贴膏	奇正	骨骼肌肉系统疾病	
8	雪山金罗汉涂膜剂	诺迪康	骨骼肌肉系统疾病	

注：久美、金诃、奇正、通天河、雄巴拉曲神水、诺迪康、佛阁、晶珠、帝玛尔、昌都日通、林芝宇拓、昌都藏药分别是青海久美藏药药业有限公司、金诃藏药股份有限公司、西藏奇正藏药股份有限公司、青海通天河药业有限公司、西藏雄巴拉曲神水藏药有限公司、西藏诺迪康药业有限公司、甘南佛阁藏药有限公司、青海晶珠藏药高新技术产业股份有限公司、青海帝玛尔藏药药业有限公司、西藏昌都日通藏医药研制中心藏药厂、西藏林芝宇拓藏药有限责任公司、西藏昌都藏药厂的简称。下同。

而中药和其他民族药的外用药品多是中医局部穴位治疗知识与药物相结合的产物，例如治疗腹泻的"丁桂儿脐贴"、治疗痔疮的"荣昌肛泰"等，能大面积使用、与特色药浴技术和涂擦技术相结合的产品，在中药和其他民族药中还未有发现。众所周知，外用药的经皮透过与接触面积和温度呈正相关，可以大面积使用并与热疗配合的藏药外用药无疑在透皮给药效率方面更具有优势，而且已经积累了大量的人用宝贵经验。

2）藏药药品文号存量不足、同质化严重。国内市场份额大的传统药品种多为独家产品。藏药的独家品种仅有不到140个，而这其中还是很多产品由于以下问题而无法进行生产或推广：① 剂型、规格不太符合内地用药习惯，如有些藏药丸剂是1克/丸的规格，药丸体积偏大（药丸直径约1cm）导致无法吞服；有的藏药剂型是散剂，又未添加调味剂，服用口感差，藏药独家品种中就有21个是散剂。② 部分药材资源已经无法获得或者没有标准，如用到野牛心、麻雀等的处方基本无法生产。③ 部分药材有一定的安全隐患，如马兜铃、朱砂、银朱（一种含汞的矿物药）等。诸如此类的问题很多，使得本来不多的文号资源为了合规生产和用药安全必须放弃一部分，如此以来可以用于内地推广的品种更是捉襟见肘。

藏药低水平重复对藏药产品市场推广也带来很大不利。例如进入国家《急抢救药目录》中的二十五味珊瑚丸有15个厂家生产，另外一个治疗脑血管病的经典藏药二十五味珍珠丸有14个厂家生产，考虑到藏药企业实际在全国开展产品销售的仅有40多家，这种将近40%的重复生产率已经是非常惊人的了。

相较而言，民族药产业中的苗药产业的独家产品就更加丰富，苗药的143个处方都是可以生产的独家产品，偶有多家生产的，苗药企业也会拥有独家剂型，处方的独占性使得苗药企业可以大规模投入人力和财力进行产品培育。目前中药领域的独家品种有900多个，基本也都是完成了技术创新的独家品种。

3）藏药医保品种数量仍显不足。医保支付是传统药做大的必要条件。但是从历史上来看，虽然有国家政策的扶持，由于种种原因藏药近些年来在市场准入问题上获得的实质利益并不大。2014年以前是药品市场迅速扩容的阶段，但藏药在2014年之前近300个上市品种中只有22个品种在医保目录之中，而这20多个品种还有13个是非独家品种，这些非独家产品在定价、招标等关键市场营销环节并不占优势。2017年医保目录增补了20个藏药品种进入新版目录，但遗憾的是只有2个独家产品进入增补范围。

相比而言，苗药143个独家品种之中，进入国家医保目录的有27个，独家医保品种远远高于藏药，这也是苗药产业比藏药产业发展更快的原因之一。当然，藏药产业的医保品种数量与中药产业和化学药产业的各1000多个医保产品相比，更是相距甚远了。

（2）藏药产业药材资源的优劣势分析

1）藏药产业拥有高原特色的药材资源。青藏高原特色药用植物有 2000 多种，目前在临床上仍常用的藏药材有近 300 种。这些藏药习用药材具有明显的高原特色，大多数的药用资源产自平均海拔 3500 米以上区域，并得益于其独特的生长环境，这些药材的有效活性成分远高于平原同品种的含量水平[95]。

对内地的消费者而言，高原药材加工成的健康用品具备天然、纯净、无污染和有效的先天优势，比较契合内地对天然、有机理念的追求。调研显示，约 31.21% 的被调查人员认为藏药功效强、药劲大，70% 以上的人认为藏药纯净、无污染（见图 3-4），并有 65.65% 的人认为药材纯净是藏药相对于西药和中药的主要优势。藏药材中广为内地所知的依次为藏红花、冬虫夏草、雪莲、红景天等，其中被调研的群众在被问及"印象最深的藏药"时，藏红花的无提示提及率达到 53.15%，冬虫夏草、雪莲和红景天分别达到 27.94%、23.07% 和 15.46%，因此特色藏药材有非常好的消费者认知基础。预计未来含藏红花、红景天概念的保健食品或功能食品会受到越来越多的人群的关注。

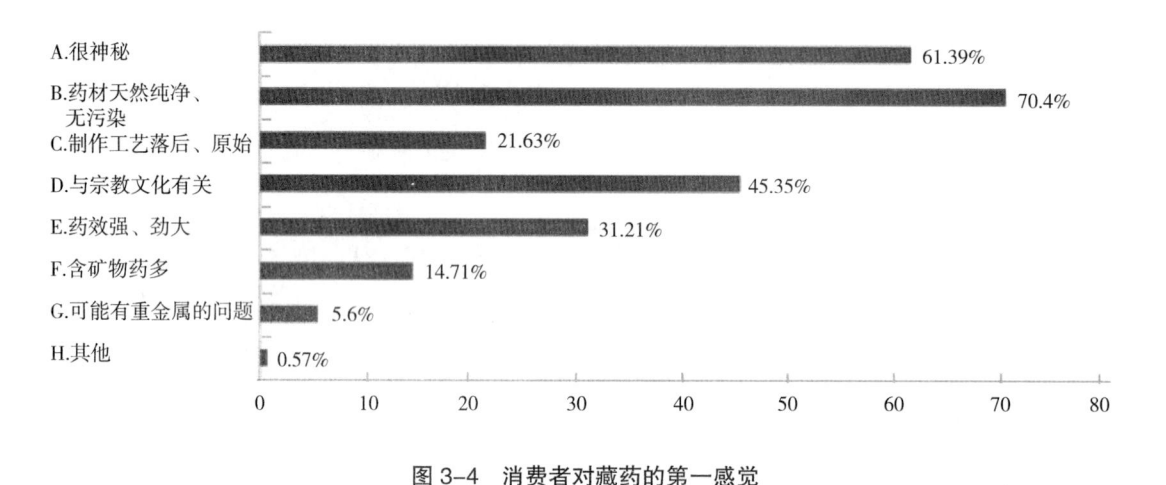

A.很神秘 61.39%
B.药材天然纯净、无污染 70.4%
C.制作工艺落后、原始 21.63%
D.与宗教文化有关 45.35%
E.药效强、劲大 31.21%
F.含矿物药多 14.71%
G.可能有重金属的问题 5.6%
H.其他 0.57%

图 3-4 消费者对藏药的第一感觉

Fig 3-4 Consumers' first impression of Tibetan Medicine

2）藏药产业部分药材资源持续性弱。藏药常用药材多来源于青藏高原，青藏高原的自然资源虽然丰富，但部分野生资源药材成长周期长、再生性差，如藏医习用的大花红景天一般需要 5～8 年才能可以入药，而且需要用根。因此，资源问题使得有些藏医过去习用藏药材如多刺绿绒蒿、高山辣根菜等无法支撑大规模的商业化应用，这也就限制了很多有效处方的开发。另外，除了制药工业对藏药材的需求外，旅游土特产市场的繁荣也导致了红景天等特色药材未被加工就以低附加值的高原特产形式大量销售，从而形成了不同市场集中对部分品种的资源蚕食和掠夺的情况[96]。西藏自治区曾经组织专家对 100 多种药材资源的濒危状态做了评估和分级,处于一级濒危的藏药有独一味、波棱瓜、打箭菊、大花龙胆、冬虫夏草等;二级濒危藏药有土木香、岩白菜、毛膏菜、印度獐牙菜等;三级濒危藏药有马尿泡、川贝母、藏菖蒲、喜马拉雅紫茉莉等[97]。另外,甚至国内有知名专家从水土保持的角度发出了要限制藏药产业化、保护青藏高原水土的提议,引起国内极大的关注[98]。

藏药产业至今还没有形成完备的大规模持续供应的藏药材种植基地,这使得藏药材供应一直不稳定,多数药材是从农户手中收购,随着物价的普遍上涨,农户改种或改采其他高附加值的农产品,就会出现原药材供应不足的现象。而且,随着全球范围的生态环保意识的提升和青藏高原作为国家生态屏障的高度认知,在西藏、青海很多地区出现了出于环境保护目的封山、退耕之后的药材禁采问题,农户迫于管理部门的禁令,不能再提供药材给药品生产企业,也会导致出现部分药材供应难的现象。

另外,藏药产业缺乏持续性好的药材大品种。藏药产业没有像丹参、银杏叶、三七、灯盏花等支撑百亿产业规模的药材。目前甘肃独一味药业的独一味系列产品、西藏奇正藏药的消痛贴膏制剂中均使用了藏药材"独一味",与该药材相关的产品的销售达到近 20 亿元,可以说是潜力最大的藏药材大品种,但该药材不可以用于保健食品,因此也限制了该药作为大健康产品的进一步开发应用。而另一个作为藏区药食同用、对阿尔兹海默病有潜在治疗价值的藏药"旺拉"[99],至今也未能获得栽培成功,因而产量受限。

(3)藏药产业知识资源的优劣势分析

1)藏药有深厚的知识传承和配方积累。藏医文献典籍丰富,知识传承保存较好。藏医在 3800 多年的传承历史中,基本没有遇到大的冲击和外来文化的影响,理论传承非常完整,基本保持了历史上的原貌,一些关键的医药技术如"佐太"炮制等也由于"伏藏"等藏医特殊的传承方法得以保存下来。近年来西藏、青海等地还挖掘整理了《秘诀补遗》《甘露水滴》等大量的藏医药古籍文献,已出版 1700 余种,全书约 6000 万字的《藏医药大典》、囊括近 800 种经典文献的《藏医药经典文献集成丛书》,以及 6 卷 450 万字的《四部医典曼唐详解》等大型藏医药文献更是成为藏医药知识传承的重要资源[100]。

藏药配方资源丰富,目前仍然在用的院内制剂也多。据估计藏药典籍记载的藏药配方有上万种,目前仅藏医经典著作《四部医典》就有 443 个基本处方,其中被开发成成药的只有几十个。在《赤脚医生藏药配方》《藏药方剂大全》等近代著名的方剂典籍中,也有计 1000 种左右的疗效确切、安全可靠的配方,这些配方目前还在临床广为应用。目前五省藏区获得医疗机构制剂生产许可、临床上还在大量使用的院内制剂有 2000 多种,这些制剂目前还在上百家藏医公立医疗机构中广为应用,是未来培育"准字号"藏药的重要后备力量。

从藏成药发展历史来看,藏成药基本都是在常用的院内制剂基础上发展而来的。而且由于地域环境和历史原因,藏药制剂多为固定处方,容易标准化,极少有类似于中医临证时的方药加减,使得藏药院内制剂的成药可行性更高。

海量的知识存量、每年 300 万人次的藏医诊疗经验是藏医药学的宝贵资产,是藏药产品开发和技术创新的源泉,同时也成为藏医药产业进行"创造性转化、创新性发展"的源头优势。藏医药在理论体系和传承的完整性上可以媲美中医药,但中药已有近 1 万个品种上市,在常用中药材有限的情况下,中药新处方开发的难度无疑要远高于藏药。悠久的人用历史和有明确文字记载的海量有效处方,也是藏药与其他民族药相比的一个优势。

2)藏药有丰富的原创性知识资源。藏医在一些常用药材、有毒药材的使用上有非常多的独特经验值得进一步深入研究和开发。例如藏医"调隆"多以芳香药物口服和外用,这一点与中医的理气、宽中类药物在用法上非常不同。以藏医常用的"豆蔻"为例,中医常用来温中行气,涩肠止泻,偏于中下焦;但藏医用于"降隆"治疗心脏病,偏于上焦和精神类,基础研究也证实了豆蔻对精神神经的调节作用[101],证明了藏医对豆蔻使用的合理性。这种"同药不同用"的现象为当前基于人用经验的药物用途挖掘和新药开发提供了另外一种路径。

藏医还提出"时辰用药"的思想,这与其他传统医学的用药方法有所不同,与现代医学发现的"人体生物规律"很有相似之处,具有很高的应用价值和科研价值。

藏药中最著名的当属用有毒的水银制成的"诸药之王"——"佐太"[102],这种通过极为复杂的炮制流程、辅以种类繁多的各种材料、历经 50 多天的炼制来把水银去毒并制成安全有效的药物的藏医传统技艺,与把中药"砒霜"转变成治疗白血病的"三氧化二砷"颇有异曲同工之妙。藏医在疑难性疾病中往往要添加"佐太"来增效,这种暂时还无法用现代科学解释但又有一定实践基础的独特方法为当前重大疑难疾病的药物研发提供了新的源泉。

3)藏医药知识专业性强、资源利用难度大。藏医知识体系复杂,包括理论知识、药材资源相关知识、配方及相应的加工制造知识、诊疗技术知识、特有名词术语等。因此藏医知识的专业属性高,而且比较依赖藏医师的使用和传播。同世界各地的医学体系类似,藏医药知识的传承和发展一直在有文化的专业医生群体中进行,普通的藏族民众由于受教育程度低,基本不具备理解和掌握藏医药知识的能力。对内地的医生和患者群体来说,由于语言的原因,更是不可能学习藏医药知识。藏医药的专业属性较高带来了对外传播的困难,藏区外的人群缺乏藏医药知识的背景,没有相应的"知识冗余",也就无从进行交流。

藏医药大量已编纂的知识仍然有待翻译和转换。藏医药的显性知识体现在各种的文献典籍中，这些藏医药典籍中除了《四部医典》《晶珠本草》等少数典籍已经有汉文版之外，绝大部分的传统典籍均是采用藏文记录，尚未有汉化版，这也就造成了藏药作为知识载体在内地汉语为主的医药体系内进行知识传播的困难。

4）已上市藏药的说明书表达晦涩难懂。藏药的说明书多数为藏、中、西混杂表述，难以为中西医生和消费者解读。藏医有一些特殊的医学术语，如"隆""赤巴""培根""白脉""黄水"等。有的药物的功能主治里面对这些术语做了相应的中医或西医疾病名称或症状的描述，有的则直接作为"藏医疾病名称"放在了适应证项下，如"白脉病""黄水病"等。这些难以理解的藏医专有术语一方面会影响中医和西医医生对药物功能的判断从而影响其对药物的合理使用，另一方面会影响药物的医保支付。医保对药品用途的分类主要是按照现代医学的疾病分类设计的，如果在医保目录中找不到对应的疾病则会影响医院管理部门对医生用药合理性的评价，而且一旦判定超范围用药，医保也会不予给付。

相比之下，苗药的处方和标准与中医和西医的融合度高，药品说明书上的适应证基本以中西医术语合璧的方式表述，在内地医疗市场上基本没有理解上的障碍。从市场上的肺力咳合剂、银丹心脑通胶囊、双羊喉痹通颗粒、咳速停胶囊等一些苗药大品种的说明书[103]可以看出，苗药的现代医学适应证明确，中医辨证分型基本清晰，因此对于中医医生和西医医生均不存在知识障碍。

（4）藏药产业独特文化资源的优劣势分析

1）藏药的民族文化特色鲜明。由于历史原因，藏医基本在藏区传播，藏医和使用者也基本都是藏族人。与很多缺乏语言文字的民族医学不同，藏语的语言文字也是藏医药的鲜明文化特点之一。记载藏药本草、藏药方剂、藏医临床用药经验的典籍文献基本是用藏文记录的，大量的文献并未翻译为汉语。这在一定程度上给藏医药带来一种"藏族人使用的药物"的文化印迹。

藏医药和藏传佛教一直有紧密的联系，藏医药也因此被赋予了一些神秘的宗教色彩。历史上藏医学基本依附于藏传佛教，藏医药学教育主要是在寺院"曼巴扎仓"（即藏医学院）开展的，"学在寺院、以僧为师"[104]。传统的藏药在制剂完成前后，也需要按照宗教仪轨进行加持，由僧侣、医生、药师等一起共同参与诵经祈福。传统藏医在临床诊疗上有时也会辅助以诵经、持咒等藏传佛教的方法，这些治疗方法有助于从精神上消除患者的烦恼、忧虑、悲伤等负面情绪，调适患者的心理状态[105]。传统的藏医药在应用和传播过程中与佛教文化形成的这种依从关系赋予了藏药产品浓厚的文化色彩。

2）藏药的地域与文化特色对部分人群有积极的影响。以藏区传播为主的民族性、在医药实践上的差异性以及佛教文化的相关性结合在一起构成了藏医药与众不同的医药文化特色。这种文化特色对少数有藏文化偏好的消费者来说，会增加其对藏药的接受度。作者对北京、广州、四川、山东、甘肃、青海、西藏共 1050 人做网上消费者对藏药认知的调研（问卷详见附件 2），结果如表 3-6、表 3-7 所示：到过藏区的人群中用过藏药的比例，远远高于未到过藏区的人群（分别是 33.06% 和 19.69%，$P < 0.05$）；喜欢藏文化的人群中用过藏药的人的比例也要比与不了解藏文化的人群高 1 倍以上（分别是 48.3% 和 19.10%，$P < 0.01$）。因此，藏区独特的地理环境资源和文化资源，对到过藏区或了解藏文化的消费者接受藏药具有积极的影响。通过藏区旅游和文化宣传等措施来提升内地人群对藏文化的接受程度，将有助于增加他们对藏药的使用。

表 3-6 到过藏区的消费者对藏药的了解和使用情况

Tab 3-6 Understanding and use of Tibetan medicine by consumers who have visited Tibetan areas

到过藏区 \ 用过藏药	不知道什么是藏药	知道藏药，但没有用过	知道藏药，使用过，效果一般	知道藏药，使用过，效果满意	知道藏药，使用过，效果非常满意	合计
是	27（6.67%）	236（58.27%）	26（6.42%）	91（22.47%）	25（6.17%）	405
否	137（24.08%）	320（56.24%）	27（4.75%）	78（13.71%）	7（1.23%）	569

表 3-7 了解藏文化的消费者对藏药的了解和使用情况

Tab 3-7 Understanding and use of Tibetan medicine by consumers who learn Tibetan culture

到过藏区 \ 用过藏药	不知道什么是藏药	知道藏药，但没有用过	知道藏药，使用过，效果一般	知道藏药，使用过，效果满意	知道藏药，使用过，效果非常满意	合计
A.不了解藏文化，谈不上喜不喜欢	53（29.44%）	111（61.67%）	6（3.33%）	9（5%）	1（0.56%）	180
B.不喜欢	7（30.43%）	11（47.83%）	2（8.70%）	2（8.70%）	1（4.35%）	23
C.不太了解，愿意深入了解	87（16.42%）	324（61.13%）	36（6.79%）	78（14.72%）	5（0.94%）	530
D.喜欢藏文化	17（7.05%）	110（45.64%）	9（3.73%）	80（33.20%）	25（10.37%）	241

3）藏医药的文化特色也影响到产品在全国的传播。在藏药面向国内外普通消费者推广的过程中，藏医药的文化特色会导致藏药产品因为"文化兼容性"[106]问题而遇到众多阻力和

障碍，影响了有些消费群体对藏药的认同感和信任感。

作者的网上消费者调研显示，在调研人群中喜欢藏文化的人只占被调研人群的 25%；北京、广州的消费者"感觉藏药神秘"的人群占两地调研人数的 67%，在有医药背景的专业人群中认为"藏药神秘"的也占到 50% 以上。在被问及"藏医药不为内地人群认知的原因"时，有 60% 以上的人认为是"文化差异"，居所有原因的首位。在北京、广东这些发达地区，对藏药接受度低，使用率更低，在购买时"得知是藏药就不会购买或会产生一定疑虑"的人占到 50%。

相较而言，苗药产业比较注重传播时的"文化兼容性"问题，苗药的配方和中医药配方相似度高，苗药产品名称功能暗示性强，易于为内地消费者接受。受益于苗药产品大都是地标升国标产品，当时政策未明确限制"产品名称不能有功能暗示"，苗药的产品名称基本都带有功能暗示，如咽炎清片、舒肤止痒膏、降压巴布膏等，比较容易获得消费者的理解。

（5）藏药产业其他高级要素的优劣势分析

1）临床医疗资源丰富。藏医医疗机构是藏药产业的知识源头和藏药学术研究的大本营。相较于傣、苗、壮等其他民族医药来说，藏医医疗单位覆盖区域广（跨青、藏、川、甘、云五省区，在北京、山东等地也有少数藏医医疗机构），有上百家藏医公立医疗机构，藏西医结合的实践经验丰富（大型的藏医院在临床诊疗中都会借鉴现代医学的知识），这对产业界进行藏医知识传承和发展是非常有利的。根据《2018 中国卫生健康统计年鉴》数据，2017 年全国藏医医疗机构年诊疗达到 298.6 万人次，位居民族医诊疗人次的前列。

2）藏医药相关科研人才严重不足。藏医药专业技术人员不足，据不完全统计，在五省藏区中真正在一线从事藏医药科技创新工作的人数（含科研院所和企业）不足 500 人，从事产业相关的技术人才更少。由于藏药产业中真正懂藏医藏药的专业人才数量不足，因此就难以产生基于藏医知识传承的强大的产业驱动效果。此前成都中医药大学、甘肃中医药大学等西部一些高校也设立了相关专业培养藏医药专业人才，丰富了人才供应，但相对于众多的藏药企业和创新需求，这些技术人才在数量和质量上仍显不足。

目前藏医药科研机构中的藏医药科技创新人才结构也不合理。在专业结构方面，传统藏医药专业人员的比重重于现代医药专业人员，具有较高学术引领能力的专业技术人才数量少且老化；在研究领域分布方面，从事文献研究的人员比重明显高于从事技术创新研究的人员；既有传统医药专业背景又了解现代医药专业知识、既有临床诊疗实践又有科研创新经验、既有专业技术功底又了解政策市场需求的复合型科技创新人才严重不足。

3）藏药产业缺乏可以共享的知识平台。藏药产业虽然有青海、西藏在根据各自区域的科研计划制作的藏医药数据库，但多是藏文版本，而且未能共享使用。目前只有中国中医科学院信息所在参考已出版发行的汉文版藏医药书籍的基础上制作并发行过汉文版藏药数据库，信息内容有限。当前虽然各地方政府投资建设了多个藏医药创新技术平台，但基本都处于信息孤岛，互不连通，对外开放应用得很少。而且藏药产业缺乏有公信力的行业组织和信息平台，不能定期收集和发布产业相关的技术信息，或整理产业发展所需的可以共享的传统知识资源。相比化学药拥有全球性的数据库、中药拥有中国中药数据中心，藏药的知识平台缺乏无疑对产业的知识积累和交流是极为不利的。

4) 藏药产业的现代制药技术储备不足。藏药产业化有其特有的难点和痛点：藏药产业中与藏药原生药粉入药相关的关键灭菌技术至今未能解决；大部分藏成药丸剂还在沿用传统的"泛丸"半手工加工制作技术，致使藏药产品在市场流通过程中，经常因为水分超标、菌检不合格、丸重差异大、崩解不合格等质量问题被处罚。而由于中药多采用提取工艺和胶囊片剂等现代制剂技术，所以灭菌、丸重差异的技术问题相对要少。

5) 藏药产业健康品的品牌和营销能力薄弱。健康品行业是个资源独占性差、进入壁垒低、产品替代性强、技术差异性小、营销驱动为主的行业。从中药产业大健康领域的知名企业的成功案例如云南白药牙膏、江中健胃消食片等可以看出，中药健康品的成功有赖于公司品牌、渠道和资源的整合[107]。

对于藏药产业来说，由于企业规模和营销能力的原因，藏药企业普遍在品牌和渠道上是短板。在物质极大丰富的今天，单纯靠高原资源往往容易被同质化。因此，目前为止，虽然有奇正藏药、金诃藏药、晶珠藏药等领先藏药企业纷纷在试水高原概念的保健品，通过会议营销、旅游保健、养生馆、医馆等不同模式在做探索，但至今没有大的突破。

3.2.2 藏药产业在产业创新方面的优劣势分析

医药产业属于高技术产业，技术创新、知识创新和产品创新对产业发展有巨大的驱动作用。但是藏药产业在创新能力方面与化学药、生物药相比均有很大劣势，与中药产业相比在创新投入和创新成果上也颇有不足。

（1）藏药产业技术创新能力不足

藏药产业技术创新能力弱，投入不足，产出低。下面从以下几方面来分析藏药产业的技术创新能力：①创新投入，包括R&D经费投入数量；R&D投入强度（研发投入在销售收入占比）；新品项目数量和新品投入；技术改造、技术引进、消化吸收、购买国内技术的投入。②创新能力，包括科技人员数量、科技活动人员比重、有科技活动的企业比重。③创新产出专利，包括发明专利、实用新型专利和外观设计专利3种类型。

1）西藏、青海两省区的藏药产业科技创新投入不足。由于全国各省区的经济发展水平不同，在医药科研创新的投入上也会有所差异。但是，西藏、青海作为藏医药产业的发源地、藏药文号的主要拥有者和藏药企业的集中省区，在医药制造业的创新投入方面，无论是R&D经费投入、新品开发投入还是产业技术获取和技术改造投入都是严重不足，即使与同处于西部地区的云南、贵州等其他省份相比也相对偏低，与其他省区的医药投入相差更是达几倍到几十倍。根据《2017中国统计年鉴》的数据，西藏和青海的医药制造业R&D经费、新产品开发经费投入、产业技术获取和技术改造投入加在一起也仅占全国的1‰、1.1‰、0.17‰，藏药相关的研发投入强度基本都低于医药行业的平均水平，多年在1%以下。同时，这两个省区在研项目数量、新品开发项目数量也持续居于末尾，藏药的新品创新投入力度明显不足（见表3-8，表3-9，表3-10，表3-11）。

表3-8　2016年西藏、青海医药制造业R&D经费投入与其他西部省份对比（单位：万元）[108]

Tab 3-8　Comparison of R&D investment of Tibet and Qinghai pharmaceutical manufacturing industry with other western provinces in 2016

地区	R&D经费内部支出	人员劳务费	仪器和设备	政府资金	企业资金	R&D经费外部支出
全国	4 884 712.20	1 413 370.80	602 626.40	223 677.30	4 621 319.00	600 517.70
西藏	1971.60	532.00	63.50	110.00	1780.50	134.00
青海	3026.20	587.40	699.60	501.70	2524.50	83.40
贵州	48 318.60	7755.00	7573.80	3726.20	44 561.90	4473.10
云南	46 509.10	13 026.70	5145.30	2470.70	43 626.30	7506.50
甘肃	24 378.20	7107.60	3337.20	2043.40	22 300.00	6248.40

表3-9　2013—2016年西藏、青海的医药工业R&D投入销售收入占比[108]

Tab 3-9　Proportion of R&D investment in sales revenue of pharmaceutical industry in Tibet and Qinghai from 2013 to 2016

医药工业研发投入与销售占比	2010年	2011年	2012年	2013年	2014年	2015年	2016年
西藏+青海	0.36%	0.36%	0.43%	1.40%	0.63%	0.54%	1.11%
中成药行业	0.82%	1.16%	1.36%	1.43%	1.35%	1.29%	1.37%
全国医药工业	1.07%	1.46%	1.63%	1.70%	1.67%	1.72%	1.73%

表 3-10　2016 年西藏、青海医药制造业新品开发经费投入与其他省份对比（单位：万元）[108]

Tab 3-10　Comparison of the investment in new product development of pharmaceutical manufacturing industry between Tibet and Qinghai in 2016 and other provinces

地区	新产品开发项目数（项）	新产品开发经费支出	新产品销售收入	出口
全国	25 320.00	4 978 805.70	54 227 526.50	4 896 556.00
贵州	308.00	59 084.00	567 994.30	1594.30
云南	512.00	57 689.80	323 125.50	1842.10
陕西	341.00	88 351.60	588 341.50	2520.50
甘肃	149.00	22 138.10	136 342.30	
宁夏	162.00	10 550.20	252 933.00	128 296.80
新疆	55.00	4649.00	29 857.00	332.20
西藏	13.00	1543.60	696.40	
青海	25.00	3942.80	21 863.10	1785.00

表 3-11　2016 年西藏、青海医药制造业技术获取和改造经费与其他省份的对比（单位：万元）

Tab 3-11　Comparison of the funds for technology acquisition and transformation of Tibetan and Qinghai pharmaceutical manufacturing industry with those of other provinces in 2016[108]

地区	引进技术经费支出	消化吸收经费支出	购买境内技术经费支出	技术改造经费支出
全国	46 608	32 582	181 129	934 249
重庆	2008	35	10 528	24 160
四川	2692	320	7163	19 265
贵州		204	5032	12 368
云南	1310	265	2558	11 240
西藏				140
陕西	62		574	4589
甘肃	50			1716
青海			75	23
宁夏				5909
新疆			375	931

2）藏药企业的研发投入不足。由于缺乏每个企业单独针对藏药进行投入的数据（青海

的部分企业中药、藏药都有生产和销售，难以按照药品分类区隔开来），只能从上市藏药企业的报表来间接分析。从 2016—2018 年上市公司的年报中可以看出，虽然奇正藏药的年研发投入费用与营业收入的比例每年维持在 3% 左右，但另外两家诺迪康药业和独一味生物的研发投入与营业收入占比都不到 1%，处于极低的水平。

3）藏药产业创新能力偏弱。任何产业创新都需要专业技术人员来实现，需要有创新的实体机构作为平台支撑，因此从 R&D 活动的企业数、R&D 人员数、企业办研发机构的数量和人员数量的维度可以初步评估产业的创新能力。青海和西藏企业数量和研发人员的数量上，都相当于全国的 0.6‰~4.4‰，远低于其他省份（表 3-12，表 3-13）。

表 3-12　2016 年西藏、青海医药制造业研发人员数量与其他西部省份对比[108]

Tab 3-12　Comparison between the number of R&D personnel in Tibetan and Qinghai pharmaceutical manufacturing industry and other western provinces in 2016

地区	有 R&D 活动的企业数（个）	R&D 人员（人）	R&D 人员折合		
			全时人员	研究人员	全时当量（人年）
全国	3607	187 542	134 885	71 909	130 570
内蒙古	24	1242	896	518	738
广西	48	1571	1030	632	1122
贵州	53	2395	1573	853	1367
云南	74	2492	1661	828	1428
宁夏	10	966	640	330	437
新疆	13	259	194	110	151
西藏	4	68	54	30	39
青海	12	142	89	55	98

表 3-13　2016 年西藏、青海医药制造业企业办研发机构与其他省份的对比[108]

Tab 3-13　Comparison of R&D institutions run by pharmaceutical manufacturing enterprises in Tibet and Qinghai with other provinces in 2016

地区	医药制造业				
	有研发机构的企业数（个）	机构数（个）	机构人员（人）	机构经费支出（万元）	仪器设备
全国	2310	3043	133 133	3 294 409	3 230 752
重庆	57	66	3075	94 749	76 989

续表

地区	有研发机构的企业数（个）	机构数（个）	机构人员（人）	机构经费支出（万元）	仪器设备
四川	70	103	2458	36 078	108 244
贵州	28	34	1096	32 631	13 884
云南	37	45	1265	23 814	17 032
西藏	1	1	7	38	26
陕西	29	32	924	17 465	16 911
甘肃	17	19	680	10 244	29 129
青海	6	7	73	1791	1587
宁夏	6	9	738	6074	12 254
新疆	6	7	174	2238	57 865

（表头：医药制造业）

4）藏药产业创新产出低。创新成果产出的标志之一是专利，根据《2017高技术产业统计年鉴》数据分析，青海和西藏的医药制造业在2016年的有效专利数分别是47和67，居全国倒数第1、第2位。这其中虽然有奇正藏药、诺迪康药业、金诃藏药等企业均在内地设立研发分部门，如奇正藏药在甘肃省有研发分部，诺迪康在四川成都有研发分部，金诃藏药在山东济南有研发分部，导致在专利统计时可能会有遗漏的现象，但整体来看藏药产业所在的西藏和青海省区的医药制造业创新能力薄弱是可以肯定的。

在国家知识产权局网站检索现有藏药产品上市销售的36家藏药企业的发明专利和实用新型专利数量，结果发现除个别大的藏药企业外，藏药企业的专利数量普遍较少，专利数量在0～1个的占55.56%，其中有16家企业没有任何专利。

2016年同期的医药制造业的发明专利情况如表3-14所示，可以计算出，藏药产业的有效发明专利仅约占医药行业的1%，约占中药行业的4%。

（2）藏药产业知识创新不足

藏药是基于藏区的传统用药历史和传统药物知识发展起来、在现阶段仍在使用的传统药。传统药物知识属于传统医学知识的一部分，具有隐性知识为主、情景依赖性等特点。传统医学知识需要在基础研究、临床研究领域不断进行知识创新，才能满足现代临床用药的需求。

表 3-14　2016 年医药制造业发明专利情况（单位：件）[108]

Tab 3-14　Invention patents of pharmaceutical manufacturing industry in 2016 (Unit: piece)

行业	专利申请数	发明专利数	有效发明专利数
医药制造业	17 785	10 483	37 463
化学药品制造	7040	4639	16 441
中成药生产	3487	1958	10 225
生物药品制造	2970	1814	5746

1）藏药基础研究投入不足。目前藏区地方政府和藏药产业界对于"投入大，产出小"的基础研究工作普遍重视程度不高，在理论研究、基础研究、方法学研究等基础课题投入不足、重视不足的问题一直存在。由于藏医药知识属性以隐性知识居多，在标准化、精准化表达方面相对较弱，在藏药材基源鉴定、资源评估、药材炮制等影响藏药产业发展的基础性工作始终缺乏系统的、准确的数据，藏医药术语的藏汉翻译始终缺乏国家认可的有法规效力的标准。

据不完全统计，西藏自治区藏医药创新的龙头——西藏藏医药大学和西藏藏医药研究院每年获得的各种来源的项目研究经费合计不足 1500 万元。这与全国西医类院校和研究院所每年 150 亿以及中医院校和中医药研究院所每年 20 亿左右的项目经费投入相比，还是差距颇大的[109]。藏医药基础研究的资金投入不足，势必会影响到藏医药基础研究成果的数量和质量，不利于藏药产业的现代化发展。

2）藏药产业发展需要的有效知识创新不足。学术论文是当前知识传播的重要途径，也是循证医学和药物经济学结论的主要支撑。将传统医药知识通过现代基础和临床研究的方法转化为可以为医生和消费者接受的知识并通过文献发表是藏药产业发展过程中知识创新的重要组成部分。

从已发表文献的角度可以看出藏药在现代知识产出方面的不足。根据《中国科技统计年鉴》数据，2013—2016 年每年现代医药学相关的 SCI 论文都在 3～5 万篇，中医药学相关 SCI 论文都有上千篇，而藏医药学相关的 SCI 论文则寥寥无几。在维普网上以"藏药"和"藏医"为检索词对文章主题进行初步搜索，时间截至 2019 年 9 月，分别有 4160 和 3026 篇文献，如果以"中药""中医"搜索，则分别有 25.8 万和 44 万篇，相差几乎 100 倍。

而且，藏药研究重药学、轻应用，藏药在化学药成分、结构鉴定、质量控制等方面的研究多，临床应用的研究远远不足[110]。在 CNKI 上搜索藏药临床研究的相关文献，在文章摘要中以"藏药""中药""临床""随机"不同的检索词组合搜索，时间截至 2019 年 9 月，结果如表 3-15 所示。与中药相比，藏药的临床文献仅占中药临床研究数量的 0.3%～0.5%。

同样，对比近年来中药大品种和藏药大品种的临床研究文献数量，也可以看出差距，同为大品种，藏药的临床研究文献要远远少于同类中药。企业的经济实力不足、研究投入不够、能力不足是造成这个现状的根本原因。

表 3-15　藏药和中药临床研究文献数量对比

Tab 3-15　A comparative study on the number of clinical research literatures of Tibetan medicine and traditional Chinese Medicine

搜索词条	文献数量
藏药并且临床	668
中药并且临床	124 527
藏药并且临床并且随机	228
中药并且临床并且随机	64 564
藏药并且随机并且对照	348
中药并且随机并且对照	80 958

3）藏药企业普遍临床研究能力不足。"临床必需""疗效确切""安全可靠""经济合理""供应保障""公众可公平获得性"是传统医药实现良好市场准入的基本原则，而藏药产品在满足上述基本原则方面还需要做大量、深入的补课性工作，尤其是临床研究能力不足几乎成为产业发展的瓶颈。

药品学术推广都被要求提供循证证据，而且以多中心随机对照的证据为佳。但是价格高企的临床研究费用对于经济能力薄弱的藏药企业来说，还是有些难以承担。目前在三级医院为主体的多中心临床研究，每例病例的投入（观察费、检测费、管理费等）平均下来在 5000～10 000 元人民币，一些观察周期长的研究费用还要更高，再加上 CRO 的费用、会议费用和患者补助等，一个 200 多例的临床观察动辄需要数百万元的投入。这对于销售规模偏小、利润不高的藏药企业来说，压力还是颇大的。

缺少医学相关的专业技术人员也是藏药企业难以开展大量临床研究的一个原因。藏药大品种培育需要清晰的现代医学定位和充足的循证证据。这个培育过程需要对藏药的现代用途进行清晰的转化和临床再定位，除了要有充足的资金投入做支撑外，还需要大量的能够做藏西知识转化的医学研究人员。当前，藏药产业中的医学研究人员估计不到 50 人，从事藏药相关医学研究的人员严重不足。而且由于藏药产业规模小，范围相对局限，专业技术人员流动不便，也使有经验的中西医专业人员不愿投身到这个行业，导致了医学专业人才供给方面的"马太效应"。

（3）产品创新不足

1）新产品创新少。藏药产业另外一个特点是市场上新品极少，销售规模大的藏药产品都是上市多年的老产品。已上市的销售前 20 位的藏药大品种没有一个是 2007 年之后批准的新药品种，基本都是在 2002 年地标转国标之前批准的品种，个别品种如"仿制加改辅料"的青鹏软膏、改剂型的仁青芒觉胶囊和二十五味珊瑚胶囊是 2004 年前后获得批准上市的，整体来说销售规模大的产品都是获批上市 15 年以上的老产品。2014 年获批生产的藏药新药"然降多吉胶囊"至今未开始大规模推广。所以从目前上市品种的创新情况来看，藏药产业不是新产品驱动型产业，这是非常明显的。

2）产品的技术创新多是"微创新"。藏药销售过亿的前 10 个品种中，几乎都采用了相应的中药提取、真空冻干、真空乳化技术等现代制剂技术，剂型也以方便使用的胶囊、乳膏、贴膏等为主，但产品的技术创新度相对较低，属于外部已有成熟技术在藏药领域的组合应用。有一定剂型创新的是藏药销售排名第一的消痛贴膏，该药采用独家实用新型专利技术，将药粉和溶出剂分离，虽然技术难度不大，但从技术创新的性质上来看，属于制剂结构形式和制剂工艺的组合创新。两个分别采用单味药材制造的新药独一味胶囊和诺迪康胶囊，是在 20 世纪 90 年代批准的，工艺相对简单，也未采用植物药模式的有效部位、组分或单体成分制作产品。例如，《2015 版中国药典》记载的独一味胶囊的制剂工艺过程主要是"药材粉碎、水煎煮、滤过、滤液浓缩、干燥、制粒、装胶囊"。

（4）特色藏药材的创新性开发和利用相对落后

藏药产业发展在藏药材深度开发方面也相对比较落后，一些为大家所熟知、内地群众接受度较高的藏药材如藏红花、红景天等都未得到妥善的开发和利用。

目前藏红花在藏区的土特产市场、礼品市场上作为名贵藏药材在销售，在内地藏红花却被广泛用于有藏药概念的非医疗用途领域，如中药护肤品和中药保健用品。另外，藏红花目前已经进入国家卫健委的《药食同源目录》，随着对藏红花保健养生功效的认知，预计藏红花作为保健食品的市场销售会越来越大，但这些含藏红花的化妆品和保健品很少是藏药企业开发的。

红景天是藏药代表性药材，也是广为人知的进藏必备用品，目前《中国药典》收录的红景天是指产自藏区的大花红景天［Rhodiola crenulata（*HK. f. et.Thoms*）*H. Ohba*］的根茎。但采用大花红景天为原料的藏药产品"索罗玛宝颗粒"目前基本没有销售，"大花红景天口服液" 2018 年销售额在 1000 万元左右，还有一些藏药大花红景天被制成了附加值较低的藏区特色旅游用品，部分作为中药红景天饮片而进入中药饮片市场，因此可以说，真正的藏药大花红景天衍生的藏药产品市场还非常小。但用红景天同属植物（如大株红景天）加工成的红景天类中成药制剂在内地的市场规模则相当可观,根据2018年米内网的数据统计,含红景天的中成药(非藏药)仅药品市场销售就达到18亿元。在内地的诸多红景天制剂、日化品中,其采用的多是产自全国各地的与大花红景天同属不同种的红景天如玫瑰红景天(Rhodiola *rosea* L.)等为原料深度加工而成,显示了中药产业在产品深度开发和营销方面的强大实力。

另外值得一提的是,民族药产业对灯盏花系列的深度开发也已经创造了每年近100亿的产值;内地医药企业生产的与藏药概念最相关的"虫草菌丝体"为原料的中成药(包括金水宝、百令胶囊等)年销售达50亿以上,以"蝙蝠蛾青霉菌丝体"为原料的保健品更是有上百种,与之相比藏药产业在大品种药材的深度开发上还落后很多。

总之,从藏药产业研发创新投入的情况来看,藏药产业虽然属于高研发投入强度特点的医药行业,但实际发生的还是低研发投入。按照经济合作与发展组织(OECD)相应的划分标准,低技术行业一般研发强度低于1%,中技术行业的研发强度则在1%~3%。中低技术产业主要有以下3个特点:①以优化工艺、改进设计、提高灵活性和客户满意度为目标。②以渐进式创新为主要模式。③以干中学和用中学的实践积累为主要驱动[111]。结合藏药产业的新产品创新少、产品技术创新弱等创新特点,藏药产业具有明显的中低技术产业的特点。

3.2.3　相关需求和政策带来的外部机会

(1)传统医药的保健需求增加

1)老龄化带来对传统医药保健需求的提升。中国目前老龄化程度逐步增加,有统计数据显示,到2019年年底,我国大陆地区65岁及以上老年人口已经达到1.76亿,比2018年年底增加约900万[112]。老龄化带来健康养护的需求不断提高。中医药治未病的作用在保健养生领域的价值得到社会的广泛认可,尤其是老年人中医药的采用比例更高,有研究也发现社会对中药的接受度随着年龄的变化在不断上升[113]。

藏医药在保健养生领域具有坚实的理论基础和技术积累。从藏医4种治疗法则饮食、起居、药物和外治就可以看出,藏医对于人体生命健康的维护不仅仅是重视药物和外治,而是以饮食和起居的调养为所有疾病治疗的首要措施。成书于公元八世纪的《四部医典》就从起居、饮食、季节养生、延寿、滋补等多方面对养生保健的理论进行了阐述,并建立了7种体质的藏医体质学说,归纳了体质的形成过程、分类和特征,提出了不同体质的人的摄生注意事项和调养措施;这些调养措施中既有抗衰老的不含药物的油疗、"调隆"的青稞米酒内服等材料易得、操作简单的措施,也有服用黄精、蒺藜等药食两用药材的对因调补,以及药浴和涂擦等外用养生方案,非常适合在藏医理论指导下的健康养生产品开发[114]。

2)疾病谱变化带来的相关医疗保健需求增加。2019年丁香园和健康报联合发布的《2019国民健康洞察报告》指出,高达96%的公众对自己的健康表示出了担忧,其中皮肤状态不好、焦虑抑郁、睡眠不好、胃肠功能差排在了前4位。报告还援引《柳叶刀》2017年发布的数据,指出颈痛、腰痛、听力损失(年龄相关和其他原因所导致)、重度抑郁症、偏头痛、糖尿病、缺血性卒中、其他肌肉骨骼疾病、精神分裂症和骨性关节炎是目前排在前10位的影响最大的疾病。这其中与骨骼肌肉系统疾病相关的有4个,与神经系统疾病相关的有4个。而藏医在上述领域有诸多有效的药物和外治技术,这些治疗方案与现在中西常用药物均有极大的差异,从文献报道来看也有一定的优势,如藏医通过赫尔麦这一外治的方法治疗抑郁症,安全性好而且有效率达到100%[13]。

3)藏药浴申遗成功为藏药进入养生保健领域提供了契机。藏药浴具有医疗和保健养生的作用,在类风湿关节炎、脑卒中等疾病的治疗和功能性疾病的调养方面都有着重要的价值。联合国教科文组织2018年曾给予藏医药浴法高度评价:"该遗产项目是一种复杂的医学实践,……该实践有助于促进可持续发展、促进对有关自然界的知识及自然资源的保护。"[115]奇正藏药对109位藏药浴医生的调研也显示,71%的医生认为藏药浴预防保健作用"效果好"和"非常好"。

作者开展的网上人群调研还显示,内地对藏药浴感兴趣的人群比例很高,有一半以上的人表示愿意去尝试,相信藏药浴养生保健功能的人也有30%左右。随着藏药浴的申遗成功,相信在全国的医疗和健康保健市场还会掀起另外一波的藏药浴热潮,对推动藏文化的传播和对藏药的认知必将产生良好的推进作用。

(2)诊疗需求快速增长带来对传统医药的治疗需求增加

根据《2019中国卫生健康统计年鉴》数据,当前中国接受传统医药诊疗的人次不断增加,从2010—2018年均增长7.25%,2018年达到10.7亿人次。中国是世界上唯一把中医和现代医疗并重的国家,50万的中医师和300多万的西医医生(包括临床、口腔和预防卫生)的庞大医生群体构成了藏药使用的基础。根据《中国统计年鉴2018》数据推算,目前中药制造业已经占到医药制造业的20%,藏药由于起步晚的原因而发展落后很多,但同时由于没有太多历史包袱(如中药注射剂问题、过度追求制剂科学性而导致药品无效的问题等),可以充分借鉴中药行业走过的经验,充分吸收国内外的先进技术,发挥后发优势,走出一条藏药产业特色的发展之路。

(3)针灸在国外获得成功为藏药外用产品的国外发展带来机会

2018年中医界热点之一就是美国总统特朗普2018年10月24日签署代号"H.R.6"的法案,

该法案要求在一年内对针灸的镇痛效果进行评估。同时美国的针灸师数量比 20 年前增加了 1.5 倍，达 3 万 7 千多名，针灸在美国 47 个州已经合法化[116]。针灸先于中成药"墙里开花墙外香"说明简、便、效、廉的传统治疗技术是可以与西方发达国家的现代医学体系进行互相补充的，也是可以实现标准化并得到国际认可的。藏医药传统外治技术丰富，传承完整，其中的隆灸、涂擦、药浴等方法安全性好、易于操作、效果明显，国内已经有很多藏医外治和针灸配合提升针刺治疗效果、简化灸疗操作的研究[117, 118]，针灸 + 藏药外治的新组合具有借助针灸在全球的传播进行全球发展的潜力，目前在美国的针灸诊所已经开始了尝试。

外用产品也更适合拓展国际市场。国外市场对传统药的安全性非常关注，但经皮吸收的传统药相比口服药来说因为安全风险低，因此准入政策就相对宽松，藏药消痛贴膏已经在美国和加拿大市场通过 NDC 模式注册成功。新加坡传统药"虎标"系列外用止痛产品在美国年销售额达 6000 万美元，超过了任何一个作为膳食补充剂身份的中药口服药在美国的销售，说明借助皮肤病、疼痛等方面的传统外用制剂，进军美国、欧洲等地的 OTC 市场是一条可行的路线。

（4）分级诊疗对传统药的推广带来新的机遇

1）基层已经成为传统药增长的一个重要来源。2016 年 11 月《国务院深化医药卫生体制改革领导小组关于进一步推广深化医药卫生体制改革经验的若干意见》提出"加强基层医疗卫生机构中医馆建设，推行中医药综合服务模式，广泛推广运用中医药适宜技术"。

根据《2018 年我国卫生健康事业发展统计公报》，到 2018 年年末，已有 98.5% 社区卫生服务中心、87.2% 的社区卫生服务站和 97.0% 的乡镇卫生院能够提供中医服务，村卫生室能够开展中医服务的比例略低，也达到 69.0%。罗尔丹等人研究也发现，中成药处方能够占农村基层医疗机构处方总数的 62.47%[119]。在政策的推动下，基层医疗市场增长迅速，成为中成药的新增长点。米内网的数据显示，与公立医院和城市零售终端的销售增长相比，公立基层医疗终端增长速度明显快于前两者（见图 3-5），其中城市社区卫生服务中心 / 站 2019 年上半年同比增长率为 10.9%，乡镇卫生院同比增长 7.8%。随着分级诊疗的逐步推进，基层医疗的门诊量快速增长的势头预计还会保持。显然，基层医疗对包括藏药在内的中成药来说是一个潜力巨大的应用领域。

2）基层医生对适宜治疗技术的需求将带动藏医适宜技术的发展。当前国家政策鼓励中医药适宜技术的推广。国务院《"十三五"深化医改规划和中医药发展战略规划纲要（2016—2030 年）》《基层中医药服务能力提升工程"十三五"行动计划》中对于鼓励中医药适宜技术在基层发挥重要作用都有明确表述。《中共中央国务院关于促进中医药传承创新发展的意见》更是提出"到 2022 年全部社区卫生服务中心和乡镇卫生院设置中医馆、配备中医医师"的目标。考虑到基层卫生机构每年 40 多亿的诊疗人次，基层医疗已经成为患者就诊的主要渠道，以医带药、药械结合正成为中药行业新的发展模式，例如亚宝药业的穴位贴敷技术的推广，不仅带动了中医"穴位贴敷"技术的普及，对产品的销售也有很大的带动作用。藏医有着丰富的简、便、效、廉的外治技术，有着相对温和而有效的外治方法及其配套的多样化的外用药物，通过在技术标准化建设和相应的继续医学教育，借助中医适宜技术下基层的大趋势，通过医药结合、药械组合模式，相信可以开辟出一条藏药产业化的新路径。

图 3-5　城市公立、城市社区、县级公立、乡镇公立医疗机构中成药销售增长情况

Fig 3-5　Sales growth of Chinese patent medicine in public medical institutions in cities，urban communities，counties and towns

（5）产业政策有利于藏药产业发展

药品行业在任何国家都是属于高壁垒、高监管的行业，国家对传统药物的准入政策和医保支付政策直接决定了传统药产业的存在和发展，例如日本明治维新时期，日本传统药被全面放弃，直到 20 世纪 70 年代，汉方药才又恢复其作为药品的法律地位。除了准入和支付制度外，政府的科研、财政政策对企业创新的影响较大，人力制度则对传统药人才的供给以及产业的知识创新能力有重要影响。

1）中医药相关的宏观政策环境对藏药产业发展非常有利。因为藏药的监管一直采用与中药相同的政策，所以分析藏药产业的政策环境，还需要从中医药大的政策环境角度去看。当前中医药发展获得了前所未有的政策鼓励和支持。《中医药法》的颁布将国家对中医药的重视程度推到一个历史高峰，不仅以法律的形式确立了中医药在国家卫生健康领域的关键地位，更是明确提出"生产符合国家规定条件的来源于古代经典名方的中药复方制剂……

发展中医药预防、保健服务"等对中医药发展影响深远的具体意见。其他如《中医药健康服务发展规划（2015—2020年）》《中药材保护和发展规划（2015—2020年）》等中医药发展领域的专项规划，更是为中医药发展方向和具体实施路径给出了明确的指导。国家对中医药产业发展的鼓励和重视，也直接影响到中药相关的医疗行业政策的变化，最明显的一个标志就是《医保目录》中的中药和民族药的比例不断提高。2017年医保目录中藏药增补比例达到50%，2019年中药和西药在目录中占比几乎达到1∶1，这是中成药在《医保目录》调整的过程中达到的最高比例。

2）藏药产业创新政策环境对藏药产业发展有利。国家鼓励和扶持藏药产业发展的力度很大，藏药无论是在列入《中国药典》《部颁标准》的数量还是科技项目申报上，都受到有关管理部门的极大重视和倾斜。藏药有23个品种列入《2015版中国药典》，并有独立成册的《藏药部颁标准》[120]。国家科技部在十二五期间对民族药领域的重大新药创制专项进行支持的时候，藏药获得3项中的2项。在国家科技部十三五"中药现代化"重点研发计划中藏药的研究也再次位列其中。藏药获得国家科技部门支持的力度虽然远远低于中医药，但明显比苗、蒙、维等其他民族药要高。

3）地方政府有关部门大力支持藏药在民族区域的市场准入。在地方的医保目录调整过程中，西藏自治区2016年将346种藏药品种列入医保甲类报销品种，列入医保目录的藏药和制剂达425种。青海省根据藏医药事业发展需求，将253项藏医医疗服务项目、336种藏药制剂纳入省医保药品目录[121]。甘肃省2019年地方医保目录增补时也将14个藏成药增补进医保目录中。四川省2018年将12种藏成药增补进省医保目录中。尽管在2020年1月开始执行的新版《医保目录》明确提出要将地方增补品种清除，但同时也明确提出在民族地区民族药可以视情况少量增补，体现了国家对民族药的重视[122]。

4）政策鼓励传统医药在健康养生领域的应用。中医药已经与养老包括医养和健康养生问题密切联系在一起，成为中国特色的老年健康的解决方案。国务院办公厅发布的《中医药健康服务发展规划（2015—2020年）》明确提出"中医药（含民族医药）……养生保健作用突出，是我国独具特色的健康服务资源"。《"健康中国2030"规划纲要》也提出"要充分发挥中医药独特优势……发展中医养生保健治未病服务……发展中医特色康复服务"。中药产业作为健康产品的提供者，必将在健康养生产业中扮演重要的角色。在广东等地，已经发展出将中药和特色旅游、特色健康维护绑为一体的中药健康养生模式，显示出巨大的产业前景[123]。有临床研究显示，藏药浴对患者肢体功能康复具有显著的疗效和经济学优势[87]，随着国家对康复的重视，预计藏药浴等藏医健康养生适宜技术将在这个迅速增长的市场中发挥越来越重要的作用。

（6）医药科技政策鼓励传统医药技术创新

1）国家医药创新政策鼓励中医药的转化与创新发展。2016年8月19日，习近平总书记在全国卫生与健康大会上的讲话中提出，"努力实现中医药健康养生文化的创造性转化、创新性发展。" 2016年10月12日，由国家卫生计生委等多部门共同发布《关于全面推进卫生与健康科技创新的指导意见》中，明确提出"医疗机构和制药行业协同创新"的要求，提出"要加强具有自主知识产权的中医医疗器械研发，实施适宜技术推广行动计划"。另外，2019年1月科技部、工信部、卫健委、国家中医局联合印发《关于加强中医医疗器械科技创新的指导意见》中提出研发并转化应用一批适应临床需要与市场需求的精细化、集成化、数字化、智能化中医产品。2019年10月中共中央、国务院在《关于促进中医药传承创新发展的意见》中也为中医药科技创新指出了明确方向，包括要建立以临床价值为导向的评估路径，要深化对中医基础理论、中医诊疗规律、中药作用机制的研究等。

这一系列科技创新政策的发布，将中药产业的药品创新扩展到医药协同创新、医疗技术创新、医疗器械、大健康产品领域的创新，拓宽了中药行业创新的范围，尤其是关于中医药治未病、康复协同、适宜技术以及微创新的提出，为包括民族药在内的中药行业创新指明了方向。

2）互联网技术、移动技术和智能技术提高了传统医药服务的可及性。中医药产业发展中一个限制性的因素是高素质中医人才供应不足。由于传统医药存在大量的隐性知识，标准化程度弱，很多时候要依赖从业者知识和经验的长年积累才能达到熟练和精通，这就限制了中医的发展，也制约了中药产业的发展。

现代信息技术和智能技术的发展为这个问题的解决带来了希望。当前国家鼓励研发中医预防、检测、诊断、治疗、康复与监护系列设备，引导中医医疗器械向精细化、数字化和智能化方向发展。智能化脉诊、舌诊、经络检测、红外热像检测等中医检测设备为中医诊断数据客观化和数据采集的准确性、便捷性提供了可能。便于操作、老年人使用的中医智能康复器具为解决中医治疗技术的家庭化应用提供了实现路径。移动医疗产品、可穿戴设备、基于移动互联网的健康管理软件（APP）以及远程医疗系统等软硬件的应用，使得有经验的中医师能够摆脱地域的限制，实现世界范围内的远程诊疗。

总之，现代技术与中医智慧的结合，将大大增加中医医疗人员的诊疗服务的可及性，为中医医疗技术服务借助科技手段扩大服务范围、提升服务能力、提高服务规范化和标准化提供了解决方案。中药作为中医医疗过程中必不可少的手段，必将随着中医诊疗的发展而得到产品多样化发展的机会。对于受地域、语言、人员限制的藏医现状来说，藏医智慧医疗的发展对藏医药的扩展尤为重要。

3）国内医药技术政策鼓励产业技术创新。在《药品管理法》修订的同时，与药品创新导向密切相关的国家药品食品监督管理局也不断修订药品审评审批的政策，从新药的定义和分类的改变，到明确"新药要新""改剂要优"的具体要求，无不引导着企业的创新方向。尤其是药品审评中对临床价值的重视和临床数据质量的"史上最严"要求，使企业申报的新药质量越来越高。总体来看，传统医药和现代医药在国内采用了不同的技术创新策略，创新药和高品质仿制药是现阶段国内现代药物企业研发创新的主要路径，高临床价值的复方药和单体药是中药民族药的主要创新方向。

国家对创新药物的关注和技术创新政策的变化对创新药物研发进展迟缓的藏药产业来说有巨大的激励作用，但在创新基础、能力、投入、人员都远远落后于中药产业和现代药产业的情况下，如何充分利用藏药产业的知识资源优势和大量的有效药物在优势病种的人用治疗经验，开发出高价值的藏药新药，就成为藏药产业发展的核心命题。

3.2.4 相关需求变化和政策带来的威胁

（1）医疗体制改革对于藏成药的临床应用产生巨大影响

中国的医院市场是药品消费的主要场所，根据米内网数据，2015—2018年间医疗市场一直占据药品销售的60%～70%，医院和医生在中成药的市场销售中一直占据关键地位。据报道，70%的中成药是由综合医院的西医医生处方的，这个比例在一些基层医疗机构甚至更高[118]。随着取消药品加成、临床路径的普及（中成药基本不在西医的临床路径中）、辅助药的限制等医疗供给侧改革和结构调整的措施实行，药品已经成为医院的经营成本，促使医院经营"由药转医、依技生存"。另外，医院饮片对中成药的替代加剧，由于饮片不占药占比，有药品加成政策，符合中医辨证用药特色，对于有经营压力的医院来说，用饮片取代成药是非常现实的选择。从医院市场近年来中成药的结构也可以看出，其中来自城市公立医院的销售已经出现负增长（见图3-6）。

藏药的主要市场也在医疗系统，医改对藏药产业的影响也已经显现。由于藏药市场规模相对较小，市场的集中度较高，得益于个别重点品种如消痛贴膏、青鹏软膏、独一味、诺迪康胶囊等的逆势成长，医改带来的冲击暂时不如中药明显，但从各个品种整体的变化趋势看跟中药相比非常类似。图3-7是藏药医院市场占前10位的品种2014—2018年的增长变化，从图中可以看出，白脉软膏、二十五味珊瑚、十味龙胆和安儿宁4个品种出现负增长，另一个品种如意珍宝丸增长不到1%。

长远看来，这种医改方向对藏药的发展带来的挑战甚至比中成药更大。得益于中医师对中成药的天然的亲和性，中成药在"西医不能开中药"后还可以继续在中医院或综合医院中医科得到应用，但藏药如果不做相应的医学知识转化的话，无论在西医还是中医都会缺乏知识认同。对很多配方采用藏医原理但功能主治采用中医术语表述的藏成药来说，中医师有时会产生一种"这个藏药配方是不是错了"的感觉，因此导致藏药在和中药竞争中医医疗服务方的处方中，在中医师的心智空间里是处于先天上的劣势的，这种劣势从藏药离开藏区进入内地市场的一刻起就存在了。如果说这种中医与藏医理论差异给藏药带来的劣势在面对庞大的西医医生群体时还不是那么重要的话，那么在当前西医医生限制开中药处方的时候，无疑就变得非常不利了。

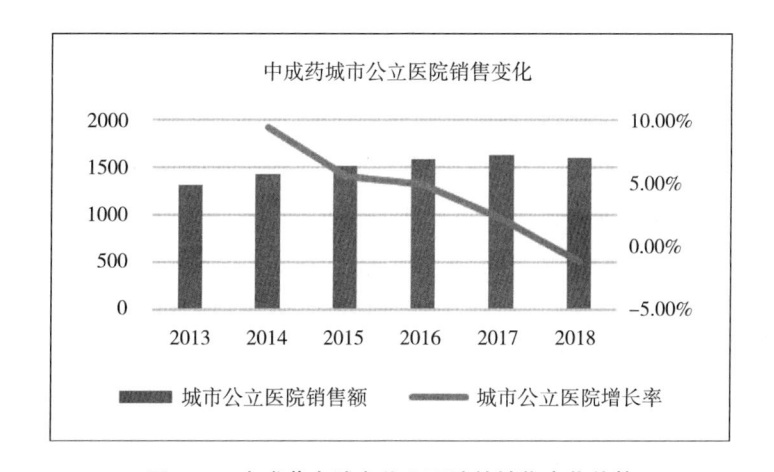

图 3-6 中成药在城市公立医院的销售变化趋势
Fig 3-6 The sales trend of Chinese patent medicine in public hospitals

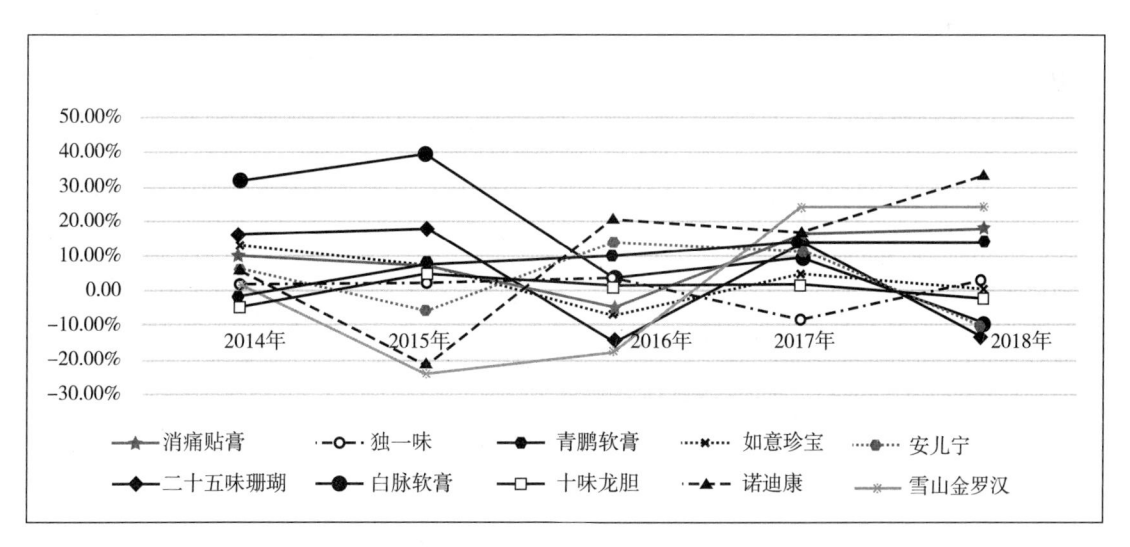

图 3-7 藏药医院占市场前 10 位的品种 2014—2018 年增长情况
Fig 3-7 Growth of top 10 Tibetan medicine in hospital market in 2014—2018

(2) 医保和医疗端对药物临床价值的要求提高影响藏药的临床应用

如果说 2000 年初的 GMP 认证是促使行业规范化生产、通过强制的技术标准对行业进行一次硬性的改造升级的话，目前对临床价值、循证证据、经济性、临床路径等的要求则是从另外一个角度对行业的一次软性的改造升级。只不过这次升级要求的是企业医学人员的知识转化能力和企业经济实力的结合。既往的中药大品种的先行者，如通心络胶囊、复方丹参滴丸等产品已经通过扎实的基础和临床研究结果把这次软性改造的门槛固化了下来，致使后来希望做大的中药品种无形中相当于被抬升了进入门槛，被定下中药产业"高质量发展"的"质量标准"。

对藏药企业来说，由于生产规模、经济能力、技术水平与中药企业相比有一定的差距，这就使得藏药产品达到标准的难度较以往大大增加。从表 3-16 中可以看出，藏药企业中研发人员最多、经济能力最强、发表文献最多的奇正藏药所培育的几个大品种，其临床试验的质量和文献与中药行业的大品种相比仍有极大的差距，与瑞士藏药企业 PADMA AG 公司的 PADMA-28 的临床研究比差距更大，其他的藏药品种的多中心随机对照的文献更是严重不足。在合理用药的严格要求下，医生对药物治疗原理、相应的医学知识背景以及治疗指南会更加重视，藏药与中药相比治疗证据不足、基础研究缺少，使得藏药在市场竞争中愈发不利。

表 3-16 Cochrane Libary 检索到的部分中藏药大品种的临床试验文献对比 *

Tab 3-16 Comparison of clinical trial documents of some traditional Chinese medicine and Tibetan medicine in Cochrane Library

	产品	临床试验文献/研究（篇）	随机双盲试验的文献/研究（篇）
中药大品种	通心络胶囊	152	11
	复方丹参滴丸	34	8
	脑心通胶囊	29	8
藏药大品种	PADMA-28	21	15
	红花如意丸	3	2
	青鹏软膏	7	1
	白脉软膏	3	2

* 检索时间截至 2019 年 9 月。

(3) 藏药在藏区需求不旺盛也是藏药产业发展的一个阻碍

藏族聚居区域人群的使用经验无疑是藏药产业的知识源泉，对于藏医药文化的宣传和推广也是起着巨大的牵引作用。作者通过网络对西藏和青海共计212人做了关于对藏药消费经验的调研，结果发现，虽然藏族人口分布最密集的西藏和青海区域的样本人群中藏药知晓率高，分别达到98%和84%，比甘肃、四川、北京、广东、山东等地的藏药知晓率平均要高10个百分点；但有藏药使用经验的人的比例与其他区域相比几乎相差无几，分别是29%和26%，说明藏医药对藏族聚居区的年轻人群的影响力并不高，这一数据与童晓鹏等[124]（2019）38.5%的学生受访者接受过中医和（或）藏医的治疗现状有类似之处。张宝琛2003年的社会公众的调查结果显示在西藏的调查人群中有87%的比例用过藏药[125]，对照童晓鹏等调研的西藏民族大学只有52%的教师和学生接受过中藏医治疗，说明藏医药在藏族聚居区的使用率有一定的下降趋势。

根据2018年《中国卫生统计年鉴》的数据分析，藏族人口聚居最密集的西藏自治区，2018年藏医诊疗的人次仅占到全区诊疗人次的1/5左右，从另外一个侧面反映了藏医药在藏族聚居区的应用率远远低于现代医药。根据波特的产业竞争优势理论，本地市场对该项产业所提供或服务的需求数量和成熟度是产业核心的竞争优势来源。西藏作为藏文化最浓厚的区域本应是藏药的忠实用户并通过藏医临床诊疗的需求压力不断促使藏医药的创新和发展，但从目前的状况来看，藏区的藏药使用对藏药产业创新发展的推动并不大。

（4）健康产品的多样化需求对藏药产业带来极大挑战

当前消费者自我健康防护意识增高，健康需求呈现多样化。从网上购物的情况分析，消费者对非药类的健康品有极大需求。图3-8展示的是2018年消费者网上购买骨骼肌肉系统止痛类产品的分布，从中可以看出，消费者在网上对于理疗器材的需求要远远高于对药品的需求。对于产品以藏药为主的藏药产业来说，面对非药类替代品的威胁，丰富和扩展非药类产品线以满足消费者需求的创新压力剧增。

（5）部分药品注册和行业监管政策对藏药发展不利

1）当前药品注册准入政策对藏药制剂改革不利。剂型改革对于藏药的发展有重要的意义。2018年零售过千万的11个经典藏药品种均进行了剂型改革，使之服用更加方便，如七十味珍珠微丸，每克30粒，避免了珍宝药的泡服、研磨等弊端。藏药在制剂上相对落后，还有大量的制剂改进工作要做。以在藏区已有着上千年应用历史的散剂为例，《藏药部颁标准》200个处方中就有90多个采用散剂剂型。散剂具有"简、便、效、廉"的特点，但是散剂目前在内地因为用药便利性问题已经很难推广应用，现在常用的胶囊、压丸、压片等制剂工艺可以在不影响疗效的情况下非常容易地解决这个问题。

但按照现行的法规要求，藏药剂型改革的道路已经基本终止。因为按照现行法规改剂一定要突出跟原剂型的优效性，其工作量几乎相当于重做一个藏药新药。另外，由于这类改剂型产品需要做临床试验来证明优效，按照现行的藏中西术语混杂的说明书表述来说，基本也就没有了临床试验的可能性，因为这些藏医的术语在现代医学中无法表达成对应的疾病，从而使得藏药基本失去了现行法规下突破剂型局限的可能性。对于仍然保持着原生药粉入药的丸、散等传统剂型的藏成药产业来说，最容易产业化和现代化的剂型改进工作已经变得遥不可及。

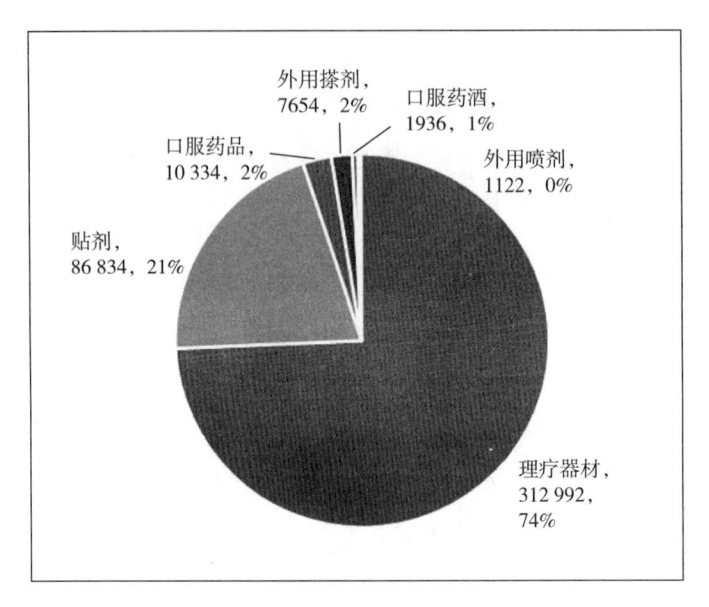

图 3-8　2018 年电商渠道疼痛管理产品销售对比 *
Fig 3-8　Sales comparison of pain management products in e-commerce channels in 2018
* 注：根据思享公司《2019 年消费者疼痛管理产品电商情况报告》整理。

2）当前部分行业监管政策对藏药产业发展不利。由于现行监管法规的僵硬，藏成药加工过程中的藏药炮制问题一直没有得到很好的解决。藏药有很多原药材要炮制加工后才能投料，但由于历史原因，在药品的注册批件中未得到全面的体现，所以在后期实际生产过程中造成诸多不规范、不统一等问题，致使市场上出现即便是同样的藏药品种其质量也会因厂家而异的现象。同样由于监管问题，随着现代制剂技术发展，藏药的手工泛丸已经可以被机械化的制丸技术所替代，后者还可以很容易地就解决藏药的崩解和丸重差异问题，可谓一举数得，但是按照现行法规，这种泛丸改制丸的简单的变动都是不被允许的，这无疑阻碍了产业技术创新的热情，也限制了产品质量的提升。

藏药产品说明书上面的不规范或错误的功能主治也一直无法得到修订。由于历史的原因以及藏中西知识差异的原因，藏药的有些适应证未能得到恰当的翻译，有些翻译甚至是错误的。例如藏医"调隆"的常用药物"八味沉香丸"的说明书上，其功能主治是"清心热，宁心，安神，开窍。用于热病攻心、神昏谵语、心前区疼及心脏外伤"，从表述上看该药似乎是用于心脏外伤和高热导致的昏迷，但藏医对该药的用途实际是指"心肌缺血以及精神刺激引起的心慌、胸闷、气短、失眠、烦躁不安、心前区疼痛等"。同类问题在藏药的说明书中还有很多，由此也带来了藏药在现代临床中的特殊难题，即不按照现行的说明书用药则属于不规范用药，按照说明书使用则属于不符合药物本来的用途导致用药无效甚至有害，无论如何使用都"不规范"。据统计，在《藏药部颁标准》的200个处方中，有90多个处方的功能主治是藏中西术语混杂、语义晦涩难辨，几乎占全部处方数量的一半。由于药品监管法规的限制，这些功能主治至今无法得到修订和完善。

3.2.5 藏药产业的其他要素分析

（1）关于辅助产业

目前藏药产业规模与化学药、中药相比来说要小的多，分工程度也低，产业集聚的现象也不明显。青海省在推动藏药产业聚集，但藏药产业集聚对产业规模和产业发展速度的促进并不显著，这一点从青海的藏药份额一直落后于西藏自治区可以看出。如果考虑到藏药企业的不同地域分布、原料来源分散全国乃至世界各地、藏药的技术复杂度和集成化程度低、非突破性技术驱动、产业链短、分工程度弱、辅助性产业的发展不完善等因素，波特"钻石模型"中辅助和支持产业这一要素对传统药产业发展的影响还未有确证性的实证支持，因此本文未将辅助产业作为藏药产业发展的关键影响因素进行分析。

（2）关于同业竞争

同业竞争被波特认为是提升行业竞争力的核心要素。但在藏药产业规模偏小，面临现代药、中药的强力竞争的情况下，藏药产业内的同业竞争对产业优势的影响并不明显。例如在藏药最集中的骨骼肌肉系统疾病用药中，目前有1000万销售规模的藏药只有6个，而且这些产品还有口服药和外用药剂型上的差异。其他的领域内平均只有2～3个藏药品种分布，所以不同藏药品种、不同藏药企业之间的竞争激烈程度并不高。当然，同商品名的藏药产品之间还是会存在一定竞争，但整体来看，来自藏药之间的竞争压力要远远小于藏药与化学药、生物药的竞争。从长远看，藏药与同领域化学药、中药产品的竞争更能促进藏药产业的进步。

3.3 小结

本章基于SWOT分析方法，重点对产品的临床治疗优劣势进行分析，并借鉴波特对竞争优势的要素框架，对生产要素的药材资源、知识资源、人力资源、品种资源等，创新相关的创新能力、创新成果等，政府政策相关的科技政策、准入政策、医保支付政策，以及需求相关的医疗和消费者保健需求等影响藏药产业竞争优势的各因素的现状进行扫描。从图 3-9 的分析可以看出，虽然藏药相对于现代医药来说在特色治疗领域和特色病种上面有治疗优势，也有丰富的传统知识资源，当前消费者对保健的需求和基层对传统医药的需求也有增加趋势，但是与满足医疗方和医保支付方对知识和临床价值的要求以及消费者对产品多样化需求相比还有一定差距。藏药产业在产品储备、知识转化、技术创新、产品开发、技术人员的数量和质量等方面与中药相比还有很大不足，与主流体系的现代药物相比差距就更大了。在外部监管政策压力大、与内地的消费者文化和主流知识体系不兼容的情况下，纵然有有利的宏观政策支持和不断上升的健康需求机会，但产业发展所需的关键要素上供应不足，难以较好适应现代产业竞争的需要，藏药产业目前面临"药弱医不强、先天不足、后天失养、压力倍长"的困境。

S 优势	W 劣势
1. 与现代药相比，在消化系统、神经系统、骨骼肌肉系统等优势领域的优势病种上的疗效和安全性优势；与民族药和中药相比，有独特理论指导下的已上市品种，尤其是外用品种；有待开发的成药性好的院内制剂和丰富人用经验； 2. 在制度创新和品种培育方面，有一定的经验	1. 在品种数量、准入完备情况、矿物药、说明书、药材资源的持续性、科研人才数量、文化兼容性、知识资源的利用难度、知识平台、技术储备等生产要素等方面与中药存在很大差距； 2. 在产业技术创新能力、知识创新能力、健康品开发能力与营销能力方面与中药和现代药均有很大差距
O 机会	T 威胁
1. 对传统药和传统技术的需求随着医疗的市场扩容和分级诊疗在增加； 2. 随着生活方式和老龄化，对传统药物的保健功能的需求在增加；藏药浴为藏医药进入养生保健领域提供了契机； 3. 政府鼓励藏药在当地的市场准入和使用；鼓励藏药进入健康养生领域； 4. 宏观政策环境和产业技术创新政策有利于藏药的创新	1. 医保支付和医疗端对产品知识内容和临床价值的要求升高； 2. 藏药在藏区的应用有下降趋势； 3. 行业技术监管政策对藏药新技术应用不利

图 3-9 藏药产业发展的竞争优劣势和外部环境的匹配情况总结

Fig 3-9 Summary of competitive advantages and disadvantages of Tibetan medicine industry development and the matching of external environment

参考文献

[1] 付强. 古代藏医与西医解剖论理的比较研究[J]. 西藏民族学院学报（社会科学版）, 1998（Z1）: 39-42.

[2] 孙铁铮, 吕厚山. 骨性关节炎的诊治与研究进展[J]. 继续医学教育, 2005, 10（3）: 7-22.

[3] 程宗琦, 缪丽燕. 正清风痛宁不良反应及文献分析[J]. 抗感染药学, 2007, 4（4）: 184-186.

[4] 更藏加, 尕藏措, 魏刚. 藏医对关节风湿病的治疗[J]. 现代中西医结合杂志, 2010, 19（8）: 980-981.

[5] 旦增尼玛. 藏医对风湿病病理的见解[J]. 中国民族民间医药, 2013, 22（11）: 9.

[6] 宋民宪主编. 民族药成方制剂[M]. 北京: 人民卫生出版社, 2014.

[7] 才让吉, 项杰. 略谈藏医辨证施治帕金森病的心得体会[J]. 中国民族医药杂志, 2017, （12）: 40-41.

[8] 朱爱琴. 藏药七十味珍珠丸对阿尔茨海默病抗氧化作用的基础与临床研究[J]. 中国药理通讯, 2013, （2）: 33-34.

[9] 石镜明, 孙正启, 李岩松, 等. 藏药七十味珍珠丸对阿尔茨海默病的治疗分析[J]. 中国民族医药杂志, 2013, 19（12）: 70-73.

[10] 斗周才让, 德措, 拉巴卓玛, 等. 藏医治疗脑萎缩35例疗效分析[J]. 中国民族医药杂志, 2011, （2）: 23.

[11] 白玛罗布. 传统藏医学对"隆"病的认知及诊疗特色[J]. 中国藏学, 2012（105）4: 192-194.

[12] 多吉才旦, 李武奎. 藏医札麦澄廓疗法治疗供隆病[J]. 中国民族医药杂志, 2015, 8: 77.

[13] 华太. 观察藏医霍尔麦疗法治疗产后抑郁症的疗效[J]. 中西医结合心血管病杂志, 2018, 6（36）: 188.

[14] 才让吉, 项杰. 略谈藏医辨证施治帕金森病的心得体会[J]. 中国民族医药杂志, 2017, （12）: 40-41.

[15] 吕荣祥. 美多巴联合普拉克索治疗帕金森病的有效性及安全性研究[J]. 中国生化药物杂志, 2014, 19（3）: 154-155.

[16] 桑吉才让, 仁青措. 藏医对预防与治疗失眠的临床疗效研究[J]. 中国民族医药杂志, 2018, 24（1）: 7-8.

[17] 索南卓玛, 扎西东主. 藏医辨证施治失眠症临床分析[J]. 中国民族医药杂志, 2015, 21（11）: 24-25.

[18] 索南卓玛, 公保吉. 藏医燸尔灸法治疗"隆偏盛型失眠症"的临床应用[J]. 中国民族民间医药, 2013, 22（4）: 9-10.

[19] 俄见, 裴红英. 藏医霍尔脉疗法治疗失眠症80例[J]. 中国民族医药杂志, 2016, 22（10）: 9-9.

[20] 王宁, 马华, 马天成. 酸枣仁汤及其加减方治疗失眠的Meta分析[J]. 中西医结合心脑血管病杂志, 2018, 16（1）: 32-36.

[21] 吴梅艳. 中医药治疗失眠的系统评价[J]. 光明中医, 2013, （8）: 44-47.

[22] 刘永军, 戎红波. 英夫利昔单抗治疗强直性脊柱炎疗效与安全性的Meta分析[J]. 中国新药与临床杂志, 2016, 35（11）: 815-821.

[23] 李宁, 郭文华, 董纪革, 等. 白脉软膏改善脑卒中患者肌张力的有效性和安全性临床研究[J]. 中国实用

医药，2011，6（35）：240-242.

[24]毛萌，李峰，任小巧，等.中国残疾人康复协会中医康复委员会第九届学术年会.2014.

[25]张炜悦，马捷，李峰，等.从藏医学理论探讨藏香治疗大学生失眠症[J].中国中医基础医学杂志，2013，19（12）：1480，1488.

[26]张伟，刀知次旦.藏医药对甲型H1N1流感的认识与防治[J].中国民族医药杂志，2010，（2）：10.

[27]丹曲.简述藏医学名著《四部医典》及其影响[J].中央民族大学学报：哲学社会科学版，1987，（6）：88-91.

[28]国务院办公厅关于印发中国防治慢性病中长期规划（2017—2025年）的通知[EB/OL].[2017-02-14]. http：//www.nhc.gov.cn/bgt/gwywj2/201702/63b05a3bc7814a3686d5d37f0211f88c.shtml.

[29]中华医学会风湿病学分会.2016中国痛风诊疗指南[J].中华内科杂志，2016，55（11）：892-899.

[30]中华医学会消化病学分会胃肠动力学组、中华医学会消化病学分会胃肠功能性疾病协作组、中国功能性消化不良专家共识意见（2015年，上海）[J].中国消化病杂志，2016，36（4）：217-229.

[31]中共中央国务院关于促进中医药传承创新发展的意见[EB/OL].[2019-10-26].http：//www.satcm.gov.cn/xinxifabu/meitibaodao/2019-10-26/11638.html.

[32]增太吉.脑梗死患者以藏药二十五味珊瑚丸和活血通脉片进行治疗的对比观察[J].智慧健康，2019，5（25）：126-127.

[33]李月亚，邹旋.藏药七十味珍珠丸治疗脑梗死60例[J].陕西中医，2008，29（10）：1368.

[34]李舒平.白脉软膏结合中医推拿治疗脑卒中后肢体痉挛的临床研究[D].2016.

[35]王秋月.白脉软膏联合藏药浴治疗脑卒中后肢体痉挛的临床研究[D].2017.

[36]覃桂水.穴位按摩联合白脉软膏治疗卒中后偏瘫的效果观察[J].实用临床护理学电子杂志，2017，2（33）：48+52.

[37]谢靖萍.奇正青鹏软膏治疗脑卒中康复期肩手综合征的临床研究[D].2018.

[38]李丽，范晨雨，崔晓，等.白脉软膏对软瘫期脑卒中患者上肢手功能障碍康复的影响[J].时珍国医国药，2018，29（2）：359-362.

[39]丁文清，刘爱芬.骨性关节炎治疗现状[J].医学与哲学，2006，27（11）：22-23.

[40]孙铁铮，吕厚山.骨性关节炎的诊治与研究进展[J].继续医学教育，2005，10（3）：7-22.

[41]辛力.奇正消痛贴膏治疗膝关节骨性关节炎的临床疗效观察[J].临床和实验医学杂志，2011，10（17）：1345，1347.

[42]张华，郑德超.奇正消痛贴膏治疗骨性关节炎的疗效与安全性[J].中国当代医药，2011，18（24）：118-119.

[43]周宇，刘道兵，陈卫衡.红花如意丸治疗女性膝关节骨性关节炎的疗效分析[J].中国中医药科技，2015，22（5）：575-576.

[44]Derksen V F A M, Huizinga T W J, Van Der Woude D.The role of autoantibodies in the pathophysiology of rheumatoid arthritis[J]. Semin Immunopathol, 2017, 39（4）：437-446.

[45]张晓攀，李艳贞，李珊珊，等.类风湿关节炎治疗药物研究进展[J].药物评价研究，2018，41（10）：164-168.

[46]林慧，丁晓娟，陈利锋，等.二十五味驴血丸治疗类风湿关节炎临床研究[J].湖北中医药大学学报，2015，（2）：26-28.

[47]安加华，高淑珍.藏药内服外浴配合甲氨蝶呤治疗类风湿关节炎80例临床观察[J].中国民族民间医药，2016，25（23）：122-123.

[48]夏吾南杰，才让卓玛.藏药痛风汤散对直乃（痛风）治疗的临床观察[J].中国民族医药杂志，2017，23（4）：1-2.

[49]蔡卫东.如意珍宝丸治疗痛风性关节炎疗效分析[J].现代医院，2015，15（1）：58-59.

[50]杨本扎西.藏药痛风消痛涂剂治疗急性痛风性关节炎32例临床观察[J].中国民族民间医药，2014，22：3+10.

[51]王吉波，谢荣爱，姜秀波，等.奇正青鹏膏治疗急性痛风关节炎的临床观察[J].中国骨伤，2006，19（12）：755-756.

[52]金向东.六味能消胶囊治疗功能性消化不良的临床效果分析[J].中国继续医学教育，2017，（9）：123.

[53]杨林辉，付赤学，陈东风.六味能消胶囊与莫沙比利治疗功能性消化不良的比较研究[J].重庆医学，2009，38（15）：1928-1929.

[54]周加太，德吉措，多杰拉旦.六味安消散治疗功能性便秘的临床研究[J].临床医药文献杂志（电子版），2017，（4）：6086.

[55]仁旺次仁，仁青旺杰.藏药金珠雅砻二十五味珊瑚胶囊治疗血管神经性头痛疗效观察[J].中国民族医药杂志，2010，（8）：22-23.

[56]何金凤.藏药二十五味珊瑚丸结合护理干预治疗血管神经性头痛的疗效观察[J].实用临床护理学电子杂志，2017，（17）：65.

[57]仁青东主.普如病（慢性萎缩性胃炎）藏医临床证型分类及用药规律研究[D].成都中医药大学，2017.

[58]华太本.慢性萎缩性胃炎的藏医辨证治疗效果研究[J].中西医结合心血管病电子杂志，2018，6（18）：160.

[59]多杰索南.藏医辨证治疗慢性萎缩性胃炎的疗效分析[J].中国卫生标准管理，2017，8（15）：38-40.

[60]虎玉成，藏久美，加洋加措.藏医治疗慢性萎缩性胃炎32例临床疗效观察[J].中国民族医药杂志2011，（5）：17-19.

[61]张红霞，夏天，何云川.六味能消胶囊治疗慢性萎缩性胃炎102例[J].中国中医药信息杂志，2001，8

（10）：77-78.

[62]完玛扎西.藏医辨证治疗慢性萎缩性胃炎临床研究[J].中国民族医药杂志，2019，(5)：15-16.

[63]孕藏南杰.藏西医结合治疗慢性胃炎的疗效观察[J].西藏科技，2016，(5)：56-56.

[64]郭秀琼.藏药治疗慢性浅表性胃炎42例临床观察[J].中国民间疗法，2016，24(1)：75.

[65]马艳梅，林统德.二十五味大汤丸治疗慢性浅表性胃炎60例临床分析[J].青海医药杂志，2008，(8)：94-95.

[66]泽尔戈.藏药夏萨德西丸治疗慢性浅表性胃炎680例临床疗效观察[J].中医临床研究，2014，(1)：117.

[67]巴桑.藏医药治疗慢性肠炎24例[J].中国民族医药杂志，2017，23(2)：25.

[68]斗周才让，德措，夏吾卓玛，等.藏药七味熊胆散加卡赛治疗慢性肠炎45例[J].中国民族医药杂志，2011，17(3)：14.

[69]多杰才让.藏药培根药酒治疗慢性肠炎20例体会[J].中国民族医药杂志，2014，(4)：8-9.

[70]桑吉才让，旦志卓玛.藏医火疗加口服藏药治疗慢性肠炎患者50例疗效观察[J].中国民族医药杂志，2018，24(6)：5-6.

[71]拉毛才旦，化毛加，娘罗.藏药口服加灌肠治疗慢性溃疡性结肠炎[J].中国民族医药杂志，2018，(8)：58，72.

[72]周加太，多杰拉旦.藏药七味熊胆散灌肠治疗溃疡性结肠炎[J].中国民族医药杂志，2017，(7)：45，74.

[73]桑吉才让，仁青措.藏医对预防与治疗失眠的临床疗效研究[J].中国民族医药杂志，2018，24(1)：7-8.

[74]索南卓玛，扎西东主.藏医辨证施治失眠症临床分析[J].中国民族医药杂志，2015，21(11)：24-25.

[75]索南卓玛，公保吉.藏医煻尔灸法治疗"隆偏盛型失眠症"的临床应用[J].中国民族民间医药，2013，22(4)：9-10.

[76]俄见，裴红英.藏医霍尔麦疗法治疗失眠症80例[J].中国民族医药杂志，2016，22(10)：9-9.

[77]贡巴.藏医煻尔美治疗失眠症的临床应用[J].中国民族医药杂志，2017，12(12)：33-34.

[78]万玛才让，段国慧.藏药"森德日布"治疗失眠症65例临床疗效观察[C]//中国民族医药学会疑难病分会学术交流会.2015.

[79]索南卓玛，党措吉.藏药三味豆蔻汤散治疗失眠症60例[J].中国民族医药杂志，2018，24(7)：45，80.

[80]次仁德吉.藏医治疗失眠症临床观察[J].中国民族医药杂志，2011，17(8)：15-15.

[81]傅念生.中药摩罗丹治疗慢性萎缩性胃炎的疗效分析[J].中西医结合心血管病电子杂志，2015，(7)：11-12.

[82]林依娜.中药治疗慢性萎缩性胃炎临床疗效的Meta分析[J].陕西中医学院学报，2018(4)：52-58.

[83]王宁，马华，马天成.酸枣仁汤及其加减方治疗失眠的Meta分析[J].中西医结合心脑血管病杂志，2018，

16（1）：32-36.

[84]吴梅艳.中医药治疗失眠的系统评价[J].光明中医，2013，（8）：44-47.

[85]徐菲.奇正消痛贴膏治疗急性腰扭伤的药物经济学评价[J].中国药物经济学，2014，9（8）：9-13.

[86]徐菲，杨克新，刘国恩，等.奇正消痛贴膏治疗骨性关节炎疼痛的药物经济学评价[J].中国全科医学，2017，20（36）：4529-4533.

[87]邱怀德，陆晓，刘守国，等.藏药药浴应用于脑卒中康复的卫生经济学评价[J].中国康复医学杂志，2018，（12）：1434-1439.

[88]李振岳.中药方剂数据挖掘研究[D].广东药学院，2010.

[89]文成当智，贡保东知，多杰仁青，等.基于Visual FoxPro和复杂网络分析的《四部医典》方剂数据库构建及其用药规律分析[J].中国实验方剂学杂志，2019，25（22）：175-185.

[90]Traditional Tibetan Medicine Induced High Methylmercury Exposure Level and Environmental Mercury Burden in Tibet, China, Maodian Liu, Yipeng He, Zofia Baumann, Chenghao Yu, Shidong Ge, Xuejun Sun, Menghan Cheng, Huizhong Shen, Robert P. Mason, Long Chen, Qianggong Zhang, and Xuejun Wang, Environmental Science & Technology Article ASAP.

[91]含马兜铃属药材的已上市中成药品种名单[EB/OL].[2017-10-31]. http://da.jiangsu.gov.cn/art/2017/10/31/art_65174_7978911.html.

[92]邹利群，李蓉琼，阳治芳，等.一例乌头碱中毒的急救及护理[J].西藏医药杂志，2002，23（2）：70-71.

[93]李丽，范晨雨，崔晓，等.白脉软膏对软瘫期脑卒中患者上肢手功能障碍康复的影响[J].时珍国医国药，2018，29（2）：359-362.

[94]李舒平.白脉软膏结合中医推拿治疗脑卒中后肢体痉挛的临床研究[D]. 2016.

[95]王环，沈建伟，张晓峰.4种生物碱含量与海拔关系的研究[J].中国中药杂志，2002，27（2）：151-152.

[96]西藏濒危藏药材有74个品种 专家支招可持续发展[EB/OL].[2015-08-10]. http://www.scio.gov.cn/zhzc/8/1/Document/1443764/1443764.html.

[97]李隆云，占堆，卫莹芳，等.濒危藏药资源的保护[J].中国中药杂志，2002，27（8）：561-564.

[98]王承德委员：严格控制青藏高原药用植物开发保护生态环境[EB/OL].[2015-03-05]. http://lianghui.people.com.cn/2015cppcc/n/2015/0305/c393682-26641761.html.

[99]张建军.传统藏药"旺拉"防治老年性痴呆的研究[C]//第十次中国生物物理学术大会论文摘要集. 2006.

[100]萨础拉，呼日乐巴根，阿拉坦敖日格乐，等.白豆蔻—白茝胜挥发油提取工艺及抗失眠药效学研究[J].亚太传统医药，2015，11（14）：8-10.

[101]班玛才仁.用化学药思路浅谈藏药"佐太"炮制工艺[J].中国民族医药杂志，2013，（7）：66-68.

[102]王书博，孙娟.藏医学的现代转换[J].西北民族大学学报（哲学社会科学版），2009，（3）：23-30.

[103]宋民宪主编.民族药成方制剂[M].北京：人民卫生出版社，2014.

[104]潘秋平，冯岭.藏医古籍保护现状调研[J].西北民族大学学报（自然科学版），2009，30（72）：68-71.

[105]陈晓林，尚群.当代中国藏医药知识产权保护的现实困境与出路[J].宁夏社会科学，2016，（4）：59-61.

[106]罗杰斯.创新的扩散[M].北京：电子工业出版社，2016.

[107]东吴证券.中药大健康产业简析[EB/OL].[2013-11-18].http：//www.360doc.com/content/13/1201/09/1350275_333580920.shtml.

[108]国家统计局社会科技和文化产业统计司，国家发展和改革委员会高技术产业司编.中国高新技术产业统计年鉴—2017[M].北京：中国统计出版社，2018.

[109]国家统计局社会科技和文化产业统计司，科学技术部创新发展司编.中国科技统计年鉴—2017[M].北京：中国统计出版社，2018.

[110]刘爱萍.2016我国藏药研究的网络分析[J].中国药物评价，2 016，33（6）：468-472.

[111]许超.略论我国中低技术产业发展路径选择[J].山西科技，2011，26（1）：1-3.

[112]国家统计局局长宁吉介绍2019年国民经济运行情况[EB/OL].[2020-01-20].http：//cn.chinagate.cn/webcast/2020-01/20/content_75656879.htm.

[113]王彝白纳，刘爱东，李建文，等.11省市成年居民中药消费状况调查.中国药事，2017，31（6）：666-672.

[114]贡却坚赞，扎西东主.探讨藏医养生学理论内涵[J].中国民族医药杂志，2013，（8）：78-80.

[115]藏医药浴法申遗成功推动中国非遗走向世界[EB/OL].[2019-1-8].http：//m.haiwainet.cn/middle/3543693/2019/0108/content_31475553_1.html.

[116]综述：针灸在美国快速发展 针灸师数量20年增长257% [EB/OL].[2018-10-29].http：//www.chinaqw.com/zhwh/2018/10-29/206644.shtml.

[117]肖淦辰，李绚.针刺结合白脉软膏治疗风寒型周围性面瘫的临床效果观察[J].临床合理用药，2017，10（9）：41-43.

[118]吴存花.藏药浴联合针灸治疗类风湿关节炎96例临床观察[J].按摩与康复医学（下旬刊），2011，2（6）：197-197.

[119]罗尔丹，李林贵，卞鹰.西部农村基层医疗机构门诊处方中成药使用现状.中国卫生政策研究，2017，10（7）：60-64.

[120]程阳阳，于江泳，林灵，等.《中国药典》收载民族药成方制剂的统计与分析[J].中成药，2017，39（4）：804-808.

[121]我省336种藏药制剂纳入医保[EB/OL].[2019-12-03].http：//www.qhnews.com/newscenter/system/2019/12/03/013029219.shtml.

[122]国家医保局人力资源社会保障部关于印发《国家基本医疗保险、工伤保险和生育保险药品目录》的通

知[EB/OL].[2019-08-20].http：//www.nhsa.gov.cn/art/2019/8/20/art_37_1666.html.

[123]何莽主编.中国康养产业发展报告（2017）[M].北京：社会科学文献出版社，2018.

[124]童晓鹏，申淼新，刘赛赛，等.藏医与中医在西藏自治区的传承现状调研分析[J].湖北民族学院学报（医学版），2019（3）：5-8.

[125]张宝琛.国家藏药发展战略研究报告[M].成都：四川科学技术出版社，2003.

第四章
藏药产业发展战略的制定

藏药的独特临床治疗价值是其产业发展的前提，满足现代临床需求是藏药产业发展的目标。本章将在前一章藏药产业竞争优势相关核心要素的SWOT分析的基础上，基于S、W、O、T的分析结论，通过不同要素维度的SO、ST、WO、WT组合，匹配和选择未来藏药产业发展的可行性战略，以期把藏药产品的治疗优势和产业发展的有利因素转化为藏药产业的竞争优势，促进藏药产业健康、可持续地发展。

4.1 藏药产业发展状况回顾

制定产业发展战略需要对藏药产业既往的发展模式和业务现状进行梳理和总结，以进一步厘清藏药产业发展的基础。藏药产品具有跨区域、跨文化、跨知识体系应用的特征。藏药产业在产品、知识、技术、文化、资源、政策等方面的特殊性，必然导致藏药产业既往在研发、制造和营销方面与化学药、生物药不同的战略发展模式和业务结果。

4.1.1 藏药产业发展战略模式回顾

（1）制造基地多位于中国的中西部地区

自20世纪90年代起，以西藏、青海、甘肃、四川、云南为代表的五省藏区利用当时的药品监管政策纷纷筹建起藏药企业。这些藏药生产企业通过引入现代制药技术，在传承传统藏药制剂技术的基础上研制出片剂、胶囊剂、微丸、软膏剂、颗粒剂、贴膏剂等多种现代藏药剂型，然后将成品在GMP条件下生产出来后行销至全国。目前大部分的藏药生产企业集中分布于西藏和青海，在四川、云南和甘肃也有少数藏药生产企业的分布。其中规模较大的有西藏奇正藏药股份有限公司、金诃藏药股份有限公司、西藏诺迪康药业股份有限公司、西藏甘露藏药股份有限公司、青海晶珠藏药高新技术产业股份有限公司、青海久美藏药药业有限公司、甘肃独一味生物制药股份有限公司等。西藏、青海、甘肃生产的藏药占国内市场的主导地位,西藏藏药企业的市场销售额更是占据全国藏药市场的半壁江山,达到54.72%,见图4-1。

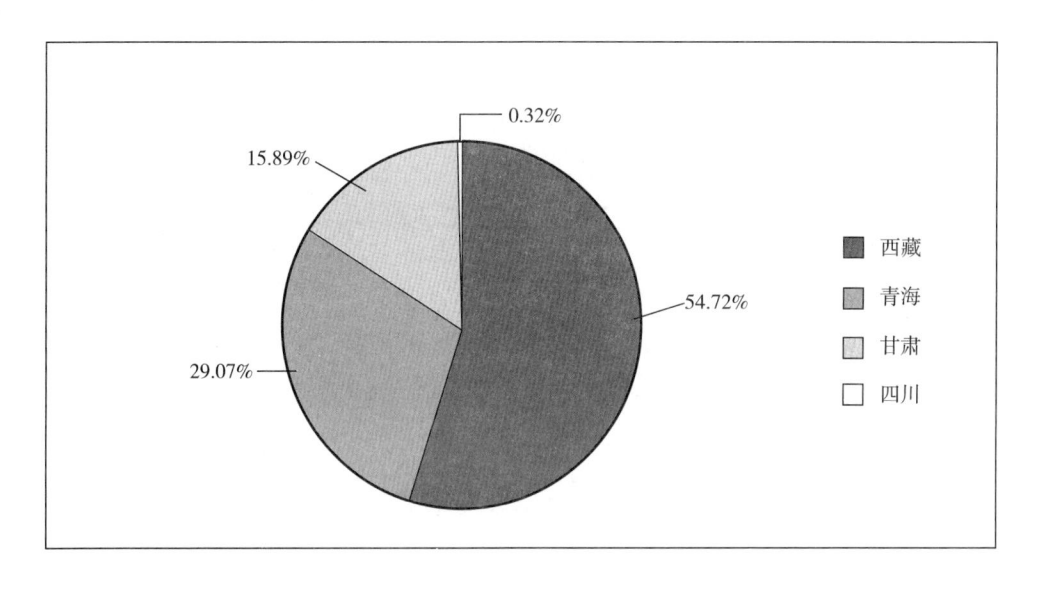

图4-1 2018年五省区藏药产业在全国藏药市场的份额

Fig 4-1 Share of Tibetan medicine industry of five provinces in the national Tibetan medicine market in 2018

(2)藏药产业"产品外销型"的业务模式

藏药主体目标市场在藏区外。由于藏族人口仅600万左右,而且多数居住在青海、西藏等欠发达地区。这些地区药品消费能力有限,而且其藏药消费还以藏药院内制剂为主,这就注定了藏药产业的主体目标市场是非藏区的医药市场。藏药产业的发展必须将发源于藏区的产品行销到藏区外的市场,从某种程度上说,类似于"出口贸易"。这种"出口贸易"的特色商品就是藏成药,"出口"的市场也是化学药和中药的主要市场,如北京、上海、广州、山东、江苏、浙江等经济发达、药品消费水平高的区域。

图4-2是藏药最大的生产企业奇正藏药在2015年不同省区的销售情况,从图中可以看出,在藏药的主要产地西藏和青海,奇正藏药在这两个省区的销售占比加一起只占到全国销售的1.2%,由于奇正藏药的产品销售占据藏药产业的1/3左右,因此基本可以代表当前藏药的市场分布形态。

(3)西医是藏药的主要处方者

由于藏药产业主要面向内地的主流医药市场,而国内医院市场占据医药市场的60%～70%,所以医疗市场一直是藏药的主要营销领域。分析69个在米内网数据库中有销售数据的藏药,2018年的医院销售额占这些藏药全部销量的70%,零售药店的销售额只占30%。

其中销售额过 1000 万元的 34 个品种中，零售市场大于医疗市场的只有 5 个，换言之，34 个品种中以医院为主销售渠道的品种占到 85% 以上。另外，对比总体销售额排前 10 位且销售过亿元的品种，其中医院销售额超过 1 亿元的 8 个，零售超过 1 亿元的只有 2 个，说明藏药大品种的主要销售额也产生自医疗领域。

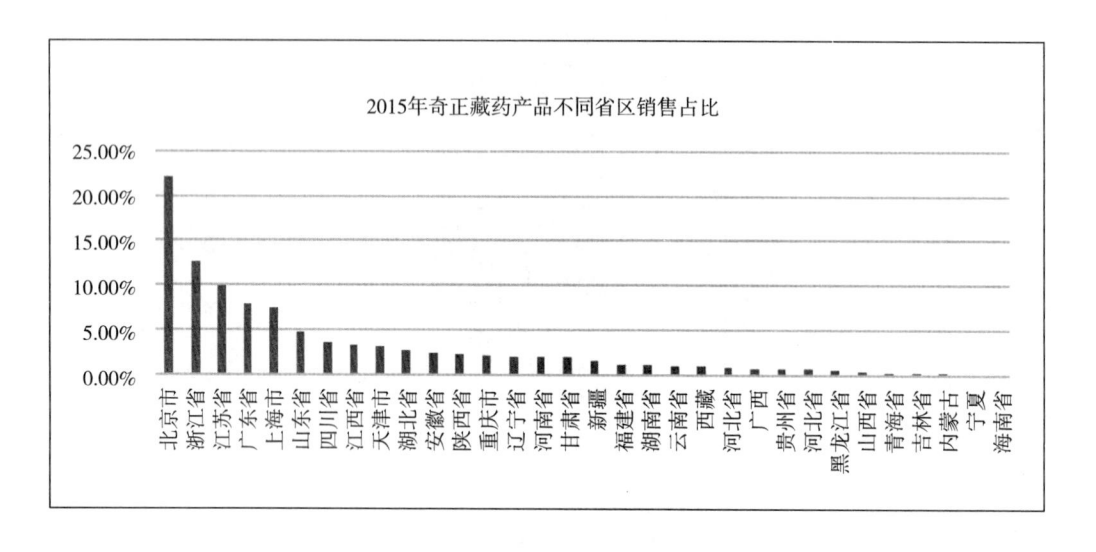

图 4-2 西藏奇正藏药股份有限公司 2015 年不同省区的藏药销售情况

Fig 4-2　Sales of Tibetan medicine in different provinces and regions of Qizheng Tibetan Medicine Co., Ltd. in 2015

2011 年 6 月，有第三方公司在北京、上海、广州三地都配备有藏药消痛贴膏的 22 家三甲医院的骨科半天门诊用药情况做过研究，在所有医生的 2597 张处方中，平均每张处方有西药 1.41 种、中药（含藏药和其他民族药）0.92 种，从表 4-1 可见西医医生和中医医生都是中（藏）成药处方的来源。另外，藏药（消痛贴膏、青鹏软膏、复方塞隆胶囊）在所有骨科门诊处方比例中仅占 13.3%，在抽样的西医综合医院骨科门诊中的比例为 11.8%。对比中医院和西医医院的医生处方中成药的比例会发现，中医医生平均处方中成药的次数虽然略高于西医医生，但仅有 1.39 倍，如果考虑到全国中医生仅有西医生人数的 1/6 的话，可以推测全国西医医生中药处方的量会在中医医生处方总量的 3 倍以上。

罗尔丹[1]等人对 2011 年西部七个省（自治区）农村地区基层医疗机构的调研也显示，所有中成药处方中，仅 13.16% 出自中医师，其他 86.84% 全部由西医师开具。因此，可以说全国的西医医生是藏药的主要处方者。

表 4-1　北上广 22 家三甲中医院和三甲综合医院骨科门诊中藏药、西药的处方对比 *
Tab 4-1　Comparison of prescriptions of Tibetan medicine and Western medicine in orthopaedic outpatients of 22 A-grade Chinese medicine hospitals and A-grade general hospitals in Beijing Shanghai and Guangzhou

	处方中成药总次数	中药次数 / 处方	处方西药总次数	西药次数 / 处方
22 家三甲医院所有骨科门诊医生	2718	0.919 174 84	4186	1.415 624
中医院骨科门诊医生	379	1.230 519 48	399	1.295 455
综合医院骨科门诊医生	2339	0.882 974 71	3787	1.429 596

* 根据奇正藏药提供的内部资料整理

（4）部分藏药企业在制度创新方面取得一定成果

1）藏药企业主要的制度创新模式。从创新模式上看，藏药产业主要采用中低技术创新+制度创新的模式。藏药企业在制度的差异上可以分为如下两类：

第一类是以奇正藏药、西藏诺迪康药业、甘肃独一味制药为主的上市企业采用的现代藏药模式。其创新方式是：一方面通过与现代制药技术的对接，实现对传统藏药的现代改进，使其更符合内地市场消费者需求；另一方面通过一定的循证医学研究和机制研究，获得西医医院和西医医生的认同，通过藏西结合、学术营销的模式实现现代藏药的行销。到目前为止一些代表性藏药品种如消痛贴膏、青鹏软膏等已经进入全国 1000 多家大型综合医院，并被列入很多中西医的诊疗指南和专家共识。在生产制造上采用藏区外加工生产模式为主，以降低运输成本、增加外部先进技术引入的机会。

第二类是以金诃藏药、久美藏药、甘露藏药为代表的传统藏药企业，在技术上更紧密与传统结合，在注册上更充分利用当地药政部门的政策优势实现产品的准入，在营销上更关注传统医疗对藏药的"以医导药"作用，一方面通过招商代理的模式进入医疗市场，一方面在全国建立藏医馆进行藏药的行销；在制造上以集中在藏区周边或藏区内生产为主。

2）培养大品种是藏药企业规模发展的关键举措。传统药企业的发展依靠大品种[2]，藏药产业这个现象也非常明显。在 2018 年销售过 1 亿元的藏药产品中，奇正藏药有 3 个，分别是消痛贴膏、青鹏软膏、白脉软膏，另外奇正藏药下属子公司甘南佛阁藏药有限公司的二十五味珊瑚丸占据二十五味珊瑚全部销售的第 2 位；金诃藏药有 2 个品种销售过亿元，分别是如意珍宝丸和安儿宁颗粒；其他西藏藏药集团和西藏诺迪康药业有限公司各有 1 个品种。从表 4-2 可以看出，藏药销售排名前 10 位的公司，除了青海晶珠藏药、甘南佛阁没有销售排名前 10 位的藏药产品外，其他 7 家公司均有 1~3 个单品销售过亿元的藏药大品种。

表 4-2 销售排名前 10 位的藏药企业及其主要藏药大品种

Tab 4-2 Tebitan medicine producers in top 10 sales and their main products

市场排序	企业	主要藏药品种	最大单品占企业中药总额的比例
1	西藏奇正藏药股份有限公司	消痛贴膏*、青鹏软膏*、白脉软膏*	80.93%
2	金诃藏药股份有限公司	如意珍宝丸*、安儿宁颗粒*	34.20%
3	甘肃独一味生物制药股份有限公司	独一味*（胶囊、片）	64.15%
4	青海益欣药业有限责任公司	利舒康胶囊	38.41%
5	西藏诺迪康药业股份有限公司	诺迪康胶囊*、雪山金罗汉涂膜剂	43.03%
6	西藏藏药集团股份有限公司	十味龙胆（颗粒、胶囊）*	67.25%
7	青海晶珠藏药高新技术产业股份有限公司	流感丸	13.90%
8	甘南佛阁藏药有限公司	红花如意丸、二十五味珊瑚丸、仁青芒觉胶囊、洁白丸	27.58%
9	青海普兰特药业有限公司	虫草清肺胶囊*	86.03%
10	西藏金珠雅砻藏药有限责任公司	二十五味珊瑚胶囊*	80.63%

备注：* 为销售过 1 亿元、排名前 10 位的藏药品种。

在藏药大品种的培育模式方面，藏药产业已经摸索出了一种与中成药相似的、通过提高科技竞争力来提升产品市场竞争能力的相对成熟的培育方法。根据中华中医药学会发布的《中药大品种科技竞争力报告（2018 版）》[3]，藏药消痛贴膏、青鹏软膏在科技竞争力的排名都在中成药的百强之内，如意珍宝、安儿宁颗粒等都在民族药科技竞争力前 10 位。从营销创新、大品种培育的角度来看，藏药产业中领先企业的制度创新能力与中药行业相比要弱，但与蒙、维、苗等同类民族药企业相比居于先进水平。

4.1.2 藏药产品文号资源盘点

藏医药有一些特色治疗技术和优势病种，尤其是在某些藏区高发的常见病、多发病如消化系统、神经系统等疾病领域有一定治疗优势。本文研究的重点是藏药产业，因为藏药产业目前没有饮片，所以产业的基础是可以上市销售的藏药品种。由于历史原因，藏药产品文号分布不均匀，有些市场领域如肿瘤用药市场吸引力大，但获得批准文号的藏药品种很少，竞争力也就无从谈起。因此，短期内藏药的竞争优势还是要基于可以利用的优势品种。

根据国家药监局网站的国产药品数据库的检索和对药智网上藏药产品说明书的分析，藏药文号有如下特点：

（1）藏药文号资源主要集中在三大治疗领域

在已经批复的294个藏药药品中，其治疗领域分布不均匀，以心脑血管、消化系统、骨骼肌肉系统领域为主要适应证的产品居多，三大领域的品种占全部藏药品种的70%（见图4-3）。

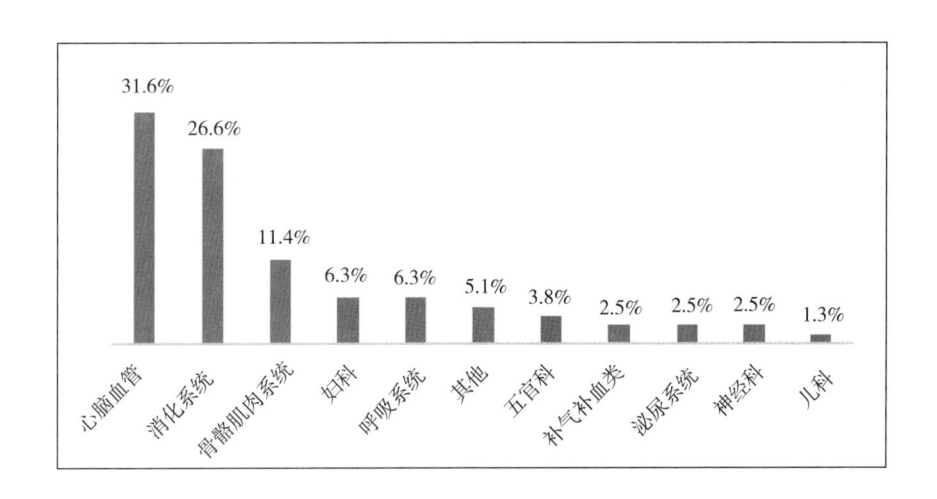

心脑血管 31.6%
消化系统 26.6%
骨骼肌肉系统 11.4%
妇科 6.3%
呼吸系统 6.3%
其他 5.1%
五官科 3.8%
补气补血类 2.5%
泌尿系统 2.5%
神经科 2.5%
儿科 1.3%

图4-3 已经批复的藏药品种的治疗领域的大致分类*
Fig 4-3 The Treatment Area Classification of the Approved Tebitan Medicines

*注：a.资料摘自北京群英公司的《藏药产业分析报告》；b.如非特别提及，本文中在描述药品领域时的"心脑血管""消化""骨骼肌肉"等领域分类是采用米内网的用药领域分类方法，是指心脑血管疾病用药、消化系统疾病用药、骨骼肌肉系统疾病用药等，为简单表述起见，简称为"心脑血管""消化""骨骼肌肉"等，并非生理学或诊断学的分类方法，下同。

由于种种原因，上述品种大多数并未上市销售。已经上市销售的藏药中，骨骼肌肉系统疾病用药品种较多，骨骼肌肉系统、神经系统、消化系统、心脑血管领域品种多于其他领域（见表4-3）。

（2）藏药独家品种也主要集中在消化系统、心脑血管系统等领域

从图4-4可以看出，上市许可的135个藏药独家品种在消化系统领域的最多，其中尤其以肝胆疾病药物为其特色，其次是心脑血管、骨骼肌肉系统、神经系统领域和呼吸系统领域。

表 4-3 有市场销售的 69 个藏药品种治疗领域分布 *
Tab 4-3 The Treatment Area Distribution of 69 Tibetan Medcine on Market

领域 藏药品种	骨骼肌肉系统疾病用药	消化系统疾病用药	神经系统疾病用药	心脑血管疾病用药	妇科用药	儿科用药	皮肤科用药	呼吸系统疾病用药	泌尿系统疾病用药
销售过千万的 21 个藏药品种 *	6	6	5	2	2	1	2	1	0
有销售记录的 69 个藏药品种 *	15	19	11	12	3	1	3	6	5

* 备注：a.二十五味珊瑚、青鹏软膏、独一味、红花如意、如意珍宝等属于跨治疗领域产品，选主要的两个治疗领域分别归类；b.数据是根据 2018 年米内网中成药市场报告整理

藏药独家品种不同治疗领域的数量分布

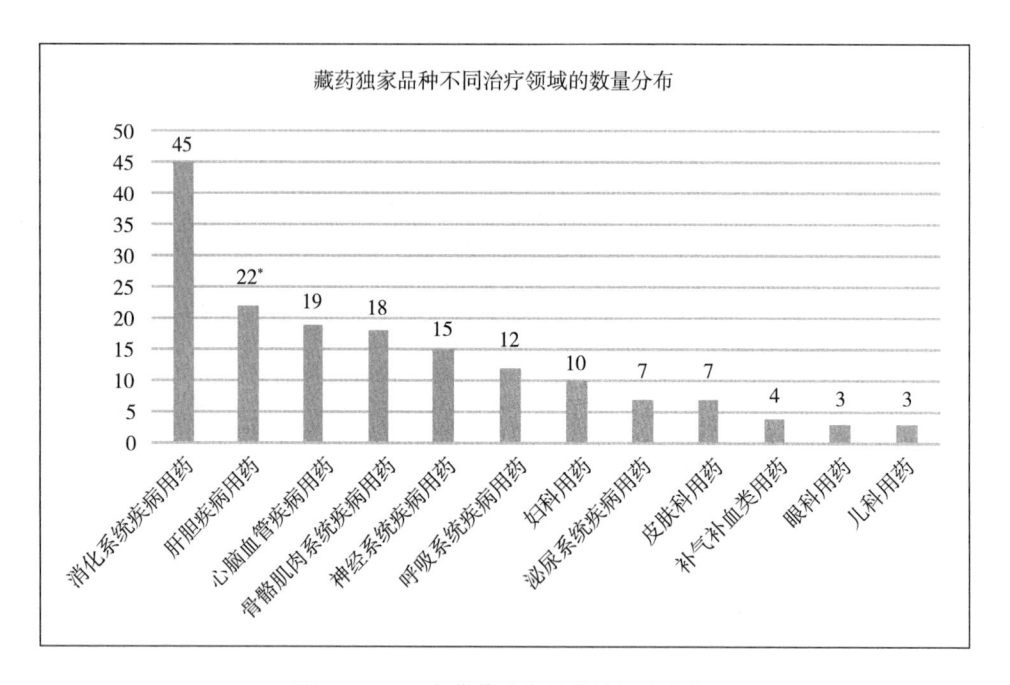

治疗领域	数量
消化系统疾病用药	45
肝胆疾病用药	22*
心脑血管疾病用药	19
骨骼肌肉系统疾病用药	18
神经系统疾病用药	15
呼吸系统疾病用药	12
妇科用药	10
泌尿系统疾病用药	7
皮肤科用药	7
补气补血类用药	4
眼科用药	3
儿科用药	3

图 4-4 135 个藏药独家品种的领域分布
Fig 4-4 The Treatent Areas Distribution of 135 Exclusive Drugs of Tibetan Medicine
* 备注：肝胆用药包括在消化系统用药中

（3）藏药医保和 OTC 品种多在消化系统、骨骼肌肉系统、心脑血管等领域（见表 4-4，表 4-5）

表 4-4　44 个藏药医保品种的治疗领域分布
Tab 4-4　The treatment area distribution of 44 Tibetan medicine in medical insurance catalogue

领域	品种数量
消化系统疾病用药	15
骨骼肌肉系统疾病用药	11
心脑血管疾病用药	10
神经系统疾病用药	10
呼吸系统疾病用药	3
皮肤科用药	2
妇科用药	1

表 4-5　藏药不同领域 OTC 品种数量
Tab 4-5　The OTC varieties in different treatment area of Tibetan medicine

领域	OTC 品种数量
消化系统疾病用药	10
骨骼肌肉系统疾病用药	6
呼吸系统疾病用药	5
神经系统疾病用药	3
补气补血类用药	3
泌尿系统疾病用药	2
心脑血管疾病用药	2
妇科用药	1
肛肠科用药	1
皮肤科用药	1

从医保资质的情况来看，藏药医保品种最多的领域依次是消化系统、骨骼肌肉系统、心脑血管和神经系统，OTC 品种最多的领域则在消化系统、骨骼肌肉系统、呼吸系统和神经系统。

4.1.3 藏药产业的市场概况

（1）藏药产业集中度相对较高

藏药产业中虽然规模小的厂家居多，大多数企业销售规模没有过亿元，但是也有些领先的企业销售规模相对较大。根据2018年米内网的数据推算，藏药企业CR4将近70%，CR8达到86%，属于集中度较高的行业，排名第1的奇正藏药更是占到整个藏药市场的1/3强。就产品而言，藏药销售排名前10的产品占80%的藏药市场份额，前2位的品种就占到约50%。

（2）独家产品、市场准入是藏药做大的关键要素

1）藏药销售规模大的品种主要为独家品种。前10位的藏药品种中除了独一味、二十五味珊瑚和青鹏软膏为多家生产外，其他均是独家处方品种（见图4-5）。而独一味胶囊和二十五味珊瑚胶囊则是独家剂型，分别在独一味类产品和二十五味珊瑚类产品的销售额中占48%和68%，所以独家处方品种/独家剂型还是藏药单品种做大的主要因素。

藏药销售额大的品种在藏药市场的占比

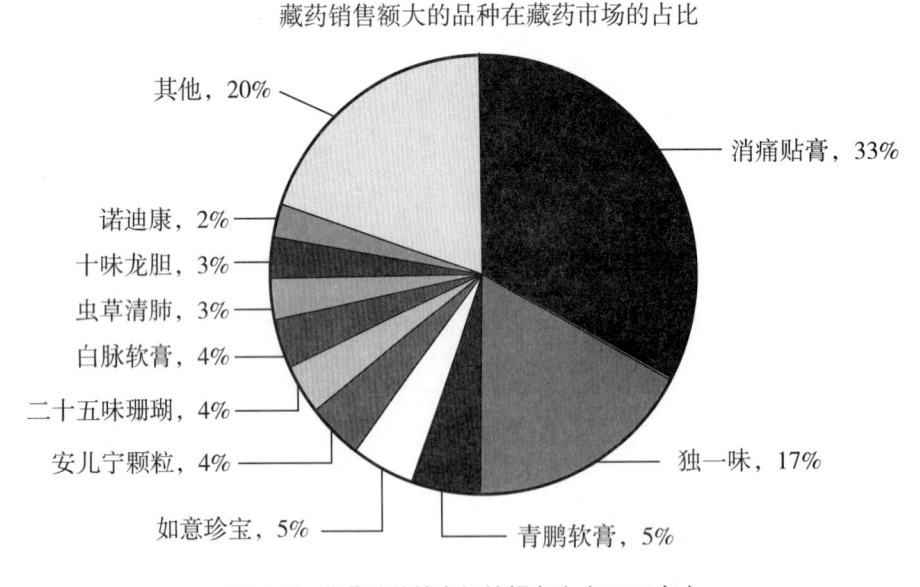

- 其他，20%
- 诺迪康，2%
- 十味龙胆，3%
- 虫草清肺，3%
- 白脉软膏，4%
- 二十五味珊瑚，4%
- 安儿宁颗粒，4%
- 如意珍宝，5%
- 青鹏软膏，5%
- 独一味，17%
- 消痛贴膏，33%

图4-5 藏药品种的市场份额占比（2018年）
Fig 4-5 the market share of the main Tibetan medicine（2018）

2）全国市场准入问题是藏药品种做大的关键。从现有上市藏药产品的市场情况来看，医保和OTC资质是大产品的必要条件。从南方所的2018年数据分析，过亿的10个藏药大品种中，其中8个是医保品种，医保品种比例占80%；藏药销售额过千万的品种有34个，其中26个医保品种，比例为76.5%。在医院销售过1000万元的21个品种中，仅有安儿宁

颗粒一个品种是非医保品种，而且是儿科用药，儿科领域属于对价格不敏感、医保支付不敏感的领域，因此医保资质对品种在医院和整体市场做大的影响都非常明显。

2018年在零售排名前10位的品种中（表4-6），OTC品种有5个，占50%；零售过千万的23个藏药品种中，OTC品种占10个，为43.5%。在总销售额过1000万元的34个品种中，OTC品种11个，占32.4%。如果对比有销售数据的69个产品中只有24.6%是OTC品种、已经上市的235个藏药处方中15.7%有OTC资质的话，显然在销售额高的产品中，OTC资质的比例也要高得多（$P < 0.05$）。因此，OTC资质对于销售额是显著影响的。

所以说，准入资质问题是影响藏药品种成长的核心因素，医保和OTC资质是产品做大的必要条件，尤其是医保资质。

表4-6　2018年零售排名前10位的藏药
Tab 4-6　Top 10 sales of Tibetan medicine in retail

品种名称	OTC	医保
消痛贴膏	是	是
虫草清肺	是	否
独一味	否	是
石榴健胃	是	是
安儿宁	否	否
流感丸	否	是
雪山金罗汉	是	是
二十五味鬼臼	否	否
十五味龙胆	是	是
青鹏软膏	否	是

（3）藏药现有市场涉及多个疾病领域

藏药在医院市场上主要在骨骼肌肉系统、神经系统、消化系统、妇科等领域（图4-6）。藏药销售过亿的大品种在骨骼肌肉系统和脑血管等疾病领域为多，妇科、儿科、呼吸科、皮肤科均有分布（表4-7）。藏药在呼吸系统疾病用药领域也比较突出，其中呼吸系统藏药有2个居藏药市场的前10位，排在藏药零售市场前10位的有3个是呼吸系统疾病用药。

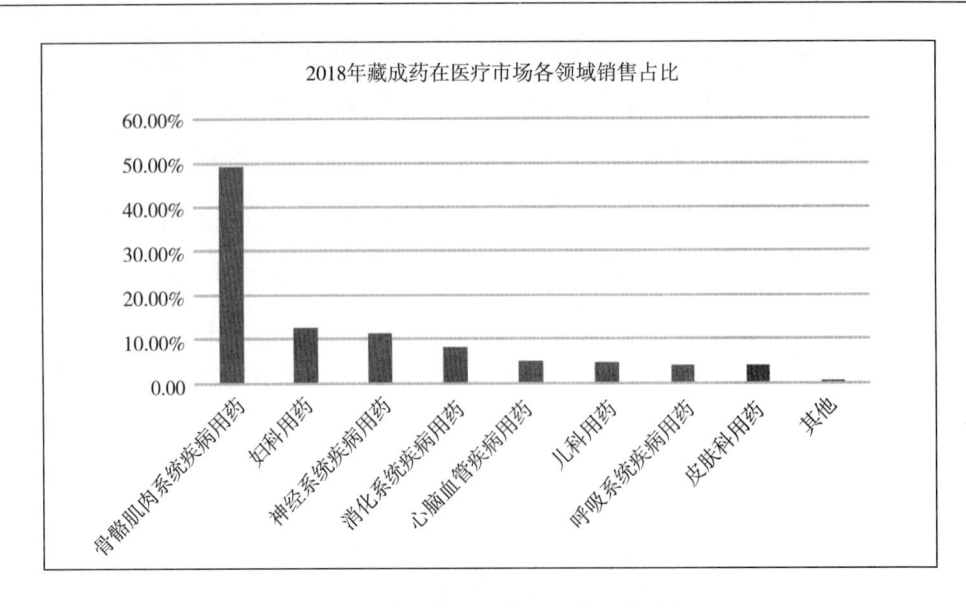

图 4-6　藏成药不同市场细分领域对比
Fig 4-6　The different market segment of Tibetan patent drug

表 4-7　市场销售排名前 10 位的藏药产品 *
Tab 4-7　The Tibetan Drugs of Top 10 Sales

序号	产品名称	销售额*（亿元）	治疗领域
1	消痛贴膏	14.63	骨骼肌肉系统
2	独一味（胶囊、片、颗粒等）	7.57	骨骼肌肉系统/妇科
3	青鹏软膏	2.26	皮肤/骨骼肌肉系统
4	如意珍宝丸	2.04	骨骼肌肉系统/脑血管
5	安儿宁颗粒	1.95	儿科
6	二十五味珊瑚（胶囊、丸）	1.62	神经系统/脑血管
7	白脉软膏	1.57	神经系统/骨骼肌肉系统
8	虫草清肺胶囊	1.36	呼吸系统
9	十味龙胆（颗粒、胶囊）	1.37	呼吸系统
10	诺迪康胶囊	1.07	心血管

*注：根据米内网 2018 年市场数据整理。

4.1.4 藏药 4 大治疗领域的竞争态势和相对优势

从上一节的藏药品种数量、独家品种、医保准入的数据可以看出，消化系统、骨骼肌肉系统、心脑血管和神经系统是藏药品种集中的领域，汇集了藏药医保品种的88%和独家品种的57%，且这几个领域已经占据了目前藏药市场的70%以上份额，结合上一章的《藏医优势领域和优势病种》的调研结果，上述4个领域既是藏药的潜在的优势治疗领域，也是已上市藏药的重点发展领域。为从各个领域中进一步选取藏药相对优势更高的领域，下面从优势病种、特色技术、品种结构、市场基础和领域增长的角度对4个治疗领域逐一进行内外部条件分析。其中优势病种、特色技术、品种结构和市场基础代表内部因素，领域增长情况代表外部需求变化，用整个中成药市场的增长情况代替。竞争对手以化学药和中药为主，潜在的进入者为有一定疗效的非药类的器械、保健品、化妆品为主。

（1）藏药在消化系统疾病用药领域的竞争分析

从图4-7、图4-8可以看出，消化系统的中成药无论是在医疗市场还是零售市场，年复合增长率都在7%以上，是需求比较旺盛的领域。而消化系统疾病是藏医的特色领域，藏药积累了丰富的产品线，医保品种数量、独家品种数量、OTC品种数量（见表4-4、表4-5，图4-4）均居藏药其他治疗领域的首位。藏药四大珍宝药（七十味珍珠丸、仁青芒觉、仁青常觉、坐珠达西）有3个是消化系统疾病用药，因此产品储备较好。

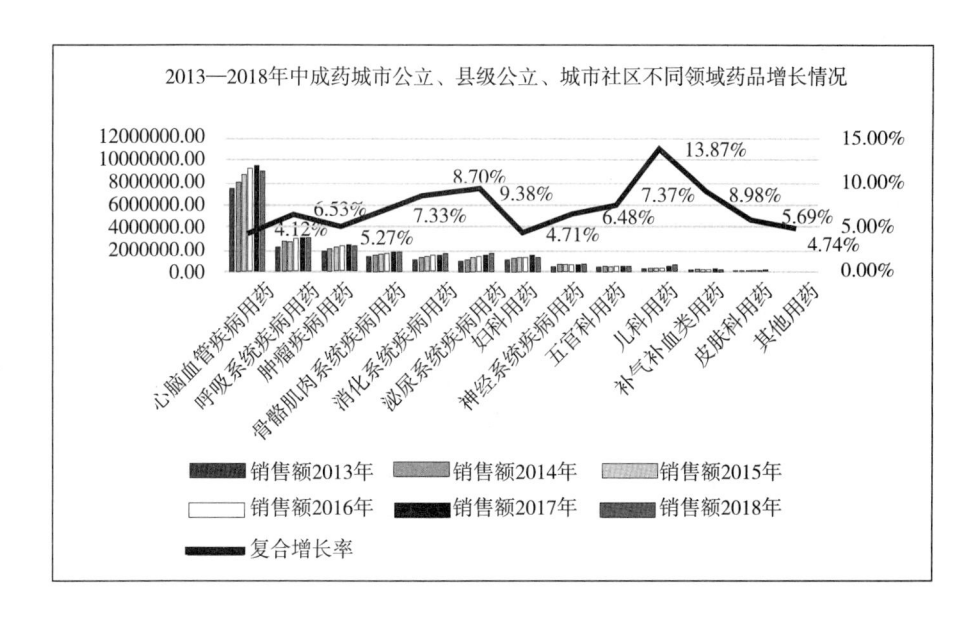

图 4-7　2013—2018 年中成药医院市场销售情况

Fig4-7　The sales in hopital market of the Chinese patent drugs between 2013 and 2018

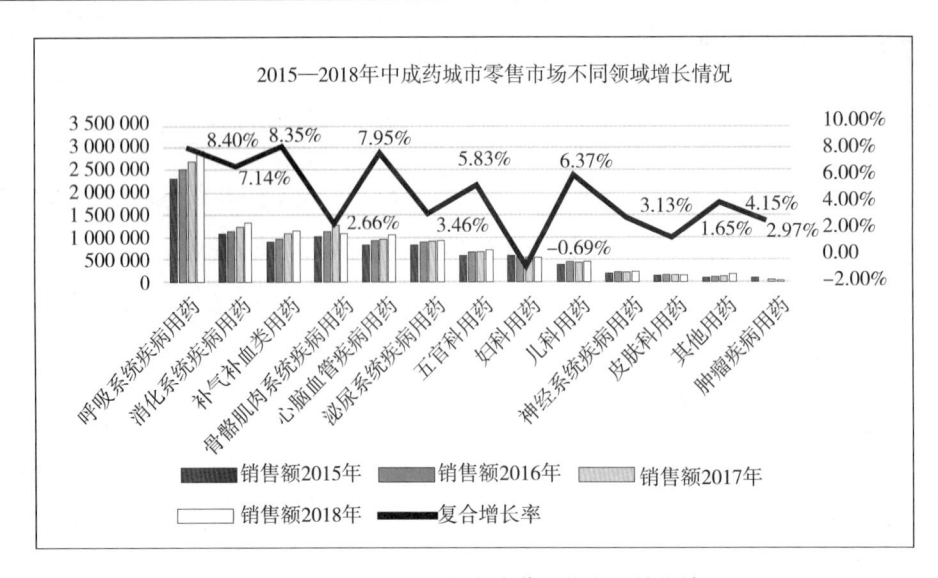

图 4-8　2015—2018 年中成药零售市场销售情况

Fig4-8　The sales in retail market of the Chinese patent drugs between 2015 and 2018

在一个需求旺盛、产品储备多的藏药优势治疗领域，销售前 20 位的藏药单品中只有 4 个消化系统用药，且排名都在 10～20 位，因此藏药在消化领域的市场基础还比较弱。藏药在该市场领域表现不突出可能与下列因素有关：

1）产品竞争力不足。虽然消化系统疾病藏药品种进入医保目录的数量多，但有一定技术创新和知识创新的独家藏药品种少，唯一独家品种"十味蒂达胶囊"进入医保目录的时间短（2017 年），产品培育时间短，基础研究和临床研究资料少，产品临床优势尚不突出；其他经典藏药如仁青芒觉、洁白丸等虽然在藏区有悠久的临床应用历史，但是对现代疾病的精准定位尚有待清晰，还需大量的研究资料支撑其现代治疗价值。

2）企业营销能力不足。消化系统疾病中成药在零售体系的市场份额明显高于医疗体系，即消化系统疾病的传统药在零售体系更有竞争力（见图 4-7、图 4-8），但藏药营销基本以医院市场为主，企业零售市场营销能力不强；拥有"十味蒂达胶囊"的厂家为西藏诺迪康药业，该公司虽然以医院市场为主，但核心业务领域是心血管用药，其消化系统药品少，在消化领域的学术营销能力也不突出。

3）市场竞争环境的原因。消化领域是竞争较激烈的领域，化学药和中药众多，胃炎的抗 Hp 感染、抑酸等治疗方案业已非常成熟，化学药如奥美拉唑、兰索拉唑等产品在各个临床指南中被广泛推荐，占据学术优势；部分中药如健胃消食片、摩罗丹、三九胃泰颗粒、气滞胃痛冲剂等有很强的品牌优势，这对传统以治疗胃炎、溃疡为功能诉求的藏药是非常不利的。

总之，消化系统领域的藏药迫切需要根据患者临床需求情况进行重新研究和定位，针对有一定潜在治疗优势的品种进行持续培育，还要注意增强企业的学术营销能力和品牌营销能力，才能将藏医在该领域的知识优势转变为实现产品在该领域的治疗优势。

（2）藏药在骨骼肌肉系统疾病用药领域的竞争分析

从图 4-7、图 4-8 可以看出，骨骼肌肉系统中药在医疗市场年均增长率达 7.33%，远高于零售市场，该领域的医院市场规模也是零售市场的 2 倍，因此医疗市场的需求更旺盛。藏药在骨骼肌肉系统的产品储备、独家品种数量、医保品种数量均居所有领域的前 3 位，具有较好的产品要素基础。而且骨骼肌肉系统有很多疾病如痛风性关节炎、类风湿关节炎等是藏医优势病种，藏医在该领域有很多独特外治技术和外治品种，有一定技术优势。骨骼肌肉系统也是藏药目前最大的领域，也是相对于其他领域而言，在中药市场中占比最高的领域，而且有营销能力领先的藏药企业和市场影响力的外治品种，藏药最大的品种消痛贴膏目前已经年销售超过 10 亿元人民币，在中药骨骼肌肉系统用药领域也一直位居前列。

骨骼肌肉系统领域的产品众多，从国家药监局网站药品批准文号的数据来看，目前该领域仅贴膏剂就有 300 多个文号，竞争非常激烈。

而且骨骼肌肉系统疾病的患者以退行性病变为主（根据奇正藏药内部调研资料，骨性关节炎、腰椎间盘突出症、颈椎病是骨科门诊主要病种，合计占到骨科门诊疾病的半数以上），症状主要以慢性疼痛为主，基本属于易诊断、难根除、生活方式影响大、治疗方式多样化的领域，同时骨伤也是中药的优势治疗领域，化学药非甾体抗炎镇痛药也都可以对症处理而且止痛疗效满意，各种西医微创手术和中医针灸治疗效果也被医疗界普遍认同，因此藏药在该领域的竞争压力很大，产品的优势不易显现。

该领域的另外一个重要细分市场是以风湿免疫病为主要对象的抗风湿药物市场。在该领域生物药单抗类制剂一直是研发的热点，关注度高，产品更新快，治疗效果满意（当然价格高企）。可以说这个细分治疗领域属于病情严重程度高、患者治疗欲望强、西药居学术优势、化学药不良反应大的细分领域。

因此对于藏药产业来说，骨骼肌肉系统疾病领域的止痛类药物市场是市场潜力大、进入壁垒低、竞争对手强、替代品多、潜在进入者多、临床治疗必需性一般的大领域。抗风湿疾病领域则是知识壁垒高、医生对中药认同度低、西药竞品强、替代品少、临床治疗必需性高的细分领域，藏药在该细分领域有一定产品储备，但医学基础薄弱，产品培育难度高。

（3）藏药在脑血管/神经系统疾病用药领域的竞争分析

根据米内网的药物分类，脑血管疾病用药被划分到心脑血管疾病用药领域，而头痛、失眠、抑郁症等用药被划分到神经系统用药领域。而从现代疾病分类来看，神经系统疾病包括脑血管病和其他神经系统疾病,在诊疗习惯上这些疾病也都是神经科的诊疗范围,而且脑血管疾病还要占神经系统疾病的很大一部分[4]。藏医的白脉病也包括脑血管疾病和神经系统(中枢及外周)疾病。因此,本文根据藏医治疗领域和现代治疗领域的归类,将脑血管疾病领域和神经系统疾病领域的用药放在一起分析,统称为神经系统领域用药。

神经系统用药增长速度中等,零售和医院市场的增长率在3%～8%。该领域未被满足的需求较多,在脑血管病、失眠、头痛、痴呆、帕金森病均未有安全有效的药物,详见表4-8。奇正藏药2014年开展的神经康复领域的专家调研显示,改善偏瘫患者的认知障碍、吞咽功能和下肢功能的药物在神经康复领域需求较高,采用外用给药的剂型会更好。藏药在神经系统的药物储备较多,独家药物也颇多,具备一定的产业基础。分析目前在藏药产业已经可以上市的独家生产的藏成药,进入医保目录的有11个,OTC品种5个,藏医在神经系统领域有特色的治疗理论、优势病种和治疗技术,有差异化的外治品种和口服药物,因此具备较好的产品要素基础。

表 4—8　神经系统常见疾病门诊诊疗过程中传统药物使用现状 *

Tab 4—8　The situation of traditional drugs Used in the outpatient diagnosis and treatment of common neurological diseases

组别	疾病类别	治疗方式	中药使用
1	脑血管病	以抗血小板和抗凝治疗为基石,西药占绝对优势	较少
		中药作为辅助治疗,在康复期也有使用	
2	失眠	对于轻度和单纯失眠患者,中药有较多使用	较多
	头痛	原发性头痛和偏头痛治疗时中药使用较多	
		继发性头痛少	
	抑郁症	西药最多使用:氟西汀(百优解)、帕罗西汀(赛乐特)、舍曲林(左洛复)、氟伏沙明(兰释)以及西酞普兰(喜普妙)	较少
		个别医生也会使用一些中药作为辅助治疗	
3	痴呆	西药神经递质类药物治疗为主	极少
		多数医生不认可中药的作用,也有个别医生仅对轻度患者使用中药作为辅助治疗	
	帕金森病	完全西药治疗,多巴胺替代治疗	不用

* 注:根据2014年IMS health与奇正藏药的咨询项目资料整理。

但是神经系统领域是西医知识壁垒较高、脑血管病中成药竞争激烈、中药普遍被认为效果较弱、替代治疗少、潜在进入者众多的领域，医生对中成药不满意较多，如疗效不确切、无循证医学证据、无临床指南推荐、不良反应不明确、价格高等。分析藏药神经系统的17个独家品种，多数为镇静安神和头痛用药，还有改善记忆障碍的药物，从产品的可及性上来看满足进入市场的条件，但如何避免中药现在遇到的效果差、价格高、辅助性强的质疑，还需要进行深入的产品定位研究和医学实验。

（4）藏药在消化系统、骨骼肌肉系统、神经系统用药领域的竞争优势总结

从上述分析可以看出，虽然藏药在消化系统、骨骼肌肉系统、神经系统用药领域与中药和现代药相比在某些病种上有一定的治疗优势，但由于资源情况、市场基础、需求条件的不同，不同领域的竞争态势略有差异。就藏药产业内不同领域的自身比较而言，骨骼肌肉系统用药领域的相对优势更强（见表4-9）。消化系统和神经系统用药领域虽有明显的潜在优势，但市场基础薄弱，知识壁垒较高，需要更高的培育成本。

表4-9 藏药和中药在消化系统、神经系统和骨骼肌肉系统疾病的竞争优势比较

Tab 4-9 The comparison and conclusion of Tibetan medicine and Chinese medicine in degistive, neurological, and musculoskeletal system

领域 分类	消化系统		脑血管/神经系统		骨骼肌肉系统	
	藏药	中药	藏药	中药	藏药	中药
特色理论	√	√	√	×	√	×
特色治疗经验	√	√	√	√	√	√
特色药物	√	√	√	×	√	√
市场增长率（医院）	8.70%		4.12%		7.33%	
藏/中药品市场比例（医院）	1.39%		0.50%		7.84%	
藏/中最大品种市场比例（医院）	3.64%		2.52%		62.88%	

备注："√"表示有；"×"表示无。

4.2 藏药产业发展战略选择

基于竞争优势的藏药产业发展战略的制定，是在以满足临床治疗必需的战略目标引导下，在藏药产业的主要业务领域和能力的基础上，将产业发展竞争核心要素的优势、劣势、

机会、威胁进行组合和匹配,进而筛选出适合藏药产业未来发展战略的过程。

4.2.1 SO 战略组合

(1) S 优势

1) 藏药有深厚的理论和实践积累,具有源头的知识优势,"黄水病""隆病"理论使得骨骼肌肉系统、神经系统疾病的治疗更安全、有效。

2) 藏药产业拥有诸多已经获得上市许可的特色外治药物,藏医独特外治疗法对神经系统、骨骼肌肉系统等难治性疾病的安全性和有效性优势。

3) 藏医药在消化系统、心脑血管、神经系统、肝胆、骨骼肌肉系统是优势领域,痛风、慢性萎缩性胃炎、慢性浅表性胃炎、类风湿关节炎、失眠、功能性消化不良、慢性肠炎、神经性头痛、脑梗死等是优势病种;其中,痛风、功能性消化不良、类风湿关节炎、慢性萎缩性胃炎、失眠是藏医认为疗效最好的疾病。

4) 藏药在优势疾病领域有一些获得临床证据支持的已上市品种和院内制剂品种。

(2) O 机会

1) 疾病谱变化带来颈痛、腰痛、重度抑郁症、偏头痛、缺血性卒中、骨性关节炎等疾病的相关医疗保健需求增加。

2) 传统医药的治疗需求持续增加,基层已经成为传统药增长的一个重要来源,基层医生对适宜治疗技术的需求增加。

3) 宏观政策、产业创新政策、区域市场准入政策对藏药产业发展有利;互联技术、移动技术、智能技术对藏医药的创新发展带来机遇;国家医药创新政策鼓励产业技术创新和中医药的转化与创新发展。

(3) 战略选择

在面对外部机会和内部优势的情况时,宜选择增长型战略,应增加资源投入,发挥特色理论、外治技术优势和产品疗效优势,扩大现有市场。具体包括:

1) 充分利用医药创新政策和现代科学技术,将藏药优势治疗领域骨骼肌肉系统、神经系统、消化系统等业务领域的知识资源转化为新产品,包括新药和新的辅助器械。

2) 做大现有骨骼肌肉系统、神经系统领域有一定产品优势和理论优势的外治品种和已上市口服产品,尤其是有外治特色的产品,通过产品培育提升产品竞争力,使其能够更好地满足医疗的需求。

3) 将现有外治技术优势和产品优势扩展到基层市场领域。

4.2.2 ST 战略组合

（1）S 优势

1）源头知识优势，独特理论和外治技术，特色外治药物，传承悠久的经典口服药物。

2）藏药在消化系统、心脑血管、神经系统、肝胆、骨骼肌肉系统等慢性、难治性疾病的安全性和有效性优势；对痛风、慢性胃炎、类风湿关节炎、失眠、功能性消化不良、慢性肠炎、神经性头痛、脑梗死等内地常见病种的治疗优势。

（2）T 威胁

1）医疗体制改革对于藏成药在医院市场的临床应用产生巨大影响；医保和医疗服务方对药物在临床价值的高要求也影响到藏成药的现代临床应用。

2）藏药在藏区应用不旺盛给藏药产业的持续发展带来一定障碍。

3）健康产品的多样化需求对藏药产品开发应用带来挑战。

4）当前药品注册准入、行业监管政策对藏药不利。

（3）战略选择

在面对外部威胁和内部优势的情况时，可采用下面战略选择：

1）在优势治疗领域，选择性地培育有潜在优势的产品，通过知识创新，使得产品能够满足当前医疗支付方和服务方的需求。

2）将战略重点转移到传统药增长迅速的基层医疗市场和零售市场上。

3）通过准入和支付政策，鼓励藏药在藏区医疗市场的应用。

4）通过对源头知识的转化和外部新技术引入，开发全新的药品、器械和服务，进行疾病治疗领域的业务创新。

5）通过对准入、科技、人力等政府政策环境施加影响，将威胁转化为机会，促进藏药的技术创新和应用。

4.2.3 WO 战略组合

（1）W 劣势

1）由于语言文字不同、理论差异明显、基础研究薄弱等原因，藏医药知识资源利用难度大；藏医药知识转化不足，藏药产品的临床安全性和有效性研究不足等问题阻碍藏药的临床应用；藏医特色外治技术为中西医生和内地医疗机构接受还有一定难度。

2）产品基础差，部分藏药材资源持续性弱；部分藏药由于重金属和毒性药材的问题存在一定的安全性隐忧；可上市药物品种少；已上市藏药的说明书表达模糊。

3）藏药产业高级生产要素基础薄弱，藏医药相关科研人才仍然严重不足，藏药产业缺乏可以共享的知识平台，现代制药技术储备不足。

4）藏药产业整体技术创新能力不足；产业知识创新不足；特色藏药材的创新性开发和利用相对落后。

5）藏医药"文化兼容性"弱导致内地消费者对藏药接受困难。

（2）O 机会

1）藏医优势领域的与骨骼肌肉系统疾病相关的颈痛、腰痛、骨性关节炎等以及神经系统相关的抑郁症、偏头痛、缺血性卒中等疾病高发，带来对藏药的相关医疗保健需求增加。

2）基层对传统医药的治疗需求增加，基层医生对适宜治疗技术的需求增加。

3）宏观政策、产业创新政策、区域市场准入政策环境对藏药产业发展非常有利；互联技术、移动技术、智能技术的快速发展对传统医药创新有利；医药创新政策鼓励产业技术创新和中医药的转化与创新发展。

（3）战略选择

在面对外部机会和内部劣势的情况时，可选择扭转战略和聚焦战略，通过聚焦优势领域，增强产业创新和转化能力，增强产业对外部机会的利用能力：

1）聚焦优势领域，集中资源、加强投资，夯实相应的创新平台，通过基础研究和应用研究增加产业和相关部门在聚焦领域的知识积累厚度，提升优势领域的特色药品和健康品的技术开发能力，逐步培养和积累满足外部需求的能力。

2）通过知识创新和知识转化，将在医疗领域有一定潜在治疗优势和治疗需求但缺乏相应证据支持的藏药转化为能为中西医生接受的治疗性产品。

3）对于有安全性隐患的藏药暂时放弃，对于一些有市场有吸引力但产业短期内无法获得竞争优势的领域，可以暂时放弃或不再进入。

4）持续地进行支撑产业发展的基础建设，加大藏医药文化推广宣传，增强藏药材的抚育技术研究尤其是紧缺药材和可大规模开发利用的藏药材的研究，培养和引进更多的藏医药科技人才。

4.2.4 WT 战略组合

（1）W 劣势

1）藏药产品基础差：已上市藏药的说明书表达模糊，部分藏药存在一定的重金属和毒性药材的问题，藏药产业部分药材资源持续性弱；藏药产品的临床安全性和有效性研究不足，阻碍藏药的临床应用。

2）产业高级生产要素基础薄弱：藏药产业知识创新不足，藏药理论、产品和治疗技术知识难以为中西医生接受；产业整体技术创新能力不足，藏医药相关科研人才严重不足，藏药产业缺乏可以共享的知识平台，现代制药技术储备不足；藏医药"文化兼容性"差带来藏药在内地推广困难。

3）特色藏药材的创新性开发和利用相对落后。

（2）T 威胁

1）医保部门和医疗服务方对传统药物的临床价值以及临床必需性、经济性等的要求提高；藏药在藏区的应用还有待进一步扩展。

2）多样化的健康产品对藏药的替代威胁。

3）当前药品注册准入、行业监管政策对藏药不利。

（3）战略选择

在面对外部威胁和内部劣势的情况时，可采用防御战略，即将业务收缩，集中到相对实力较强的细分市场而形成优势。就目前的藏药相对市场份额（藏药在中药市场中的占比）、藏药品种基础而言，无疑骨骼肌肉系统疾病是藏药相对实力较强的市场领域，可以在骨骼肌肉系统疾病中选择临床治疗必需性强的细分领域，充分发挥藏药理论优势、外治优势、特色药物优势进行产品竞争。

4.2.5　基于竞争优势的藏药产业发展战略总结

藏药的治疗优势是产业竞争优势的核心来源。从藏药产业的发展现状可以看出，藏药的主要市场在藏区外的医院市场，未来基层医疗市场是增长潜力最大的领域。藏药有上市准入资质（生产批件、独家品种、医保资质等）的产品主要集中的消化系统、骨骼肌肉系统、神经系统三大领域，骨骼肌肉系统的相对优势更好。

（1）在细分领域培育有治疗优势的核心产品

这是支撑藏药产业近期在全国市场生存和发展的首要战略。藏药产业的发展基于产品优势，考虑到支付方和医疗服务方对产品的机制、优效、安全、经济等特点的要求不断上涨，面对海量的大品种培育资金需求以及熟练专业人员的供应不足问题，藏药企业应该采用聚焦策略，聚焦在骨骼肌肉系统、神经系统、消化系统等优势领域和核心产品，选择有竞争优势的差异化细分领域和优势病种，集中培育适合有治疗优势的潜力藏药品种。

（2）持续开发新产品满足新增需求

由于藏药产品的开发和商业化需要一定时间，所以新品开发属于藏药产业发展和竞争力提升的中长期战略。藏药产业应该利用政府政策支持和外部先进技术有：

1）开发具有较高临床必需性的高临床价值的新药产品。

2）开发适合家用和基层使用的辅助治疗设备，提升现有外治产品的疗效和安全性，尤其是藏药浴、涂擦、赫尔麦等。

3）对资源可持续性好的藏药材进行深度集中开发，满足消费者对大健康产品的需求。

（3）夯实藏药产业发展的基础

夯实产业发展基础也是提升藏药产业竞争优势的一项长期战略。国家和地方政府应该在政策上加大对藏药创新和产业发展的准入、财力、人力方面的扶持力度，加强对产业协同和公共知识平台的建设，加强标准化和药材培育，夯实藏药产业持续性发展的基础。

（4）强化传统医药知识的现代转化

无论采取哪种战略组合，基于传统藏医药知识现代转化的知识创新都是藏药产业发展中的关键，知识转化、知识创新是藏药产业当前必须要走的创新之路。知识资源也是藏药的优势资源，只有通过传统知识现代转化才能促进中西医生对藏药的合理、精准使用，促进藏药治疗优势的发挥。

4.3 知识转化是藏医药知识资源转变为产业竞争优势的关键

如前所述，由于藏药跨知识体系传播困难、产业技术创新能力弱等原因，在当前西医、中医占据主流的情况下，藏药产业发展需要增强其上游独特知识资源的利用能力，走知识转化和知识创新的道路，将独特的、有应用价值的知识资源转化为外部需求的、有优势的产品和临床价值，从而实现藏药产业在特定领域的竞争优势（见图4-9）。

知识转化 ⇒ 知识创新 ⇒ 产业创新 ⇒ 产业竞争优势

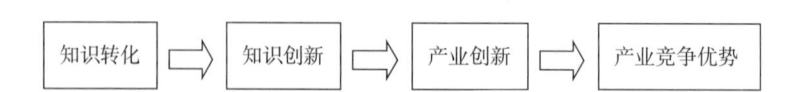

图4-9 知识转化、产业创新和产业竞争优势的关系

Fig 4-9 The relationship among knowledge transformation, industrial innovation and industrial competitive advantage

4.3.1 藏医药知识转化和知识创新的内涵

藏医药知识转化指的是通过藏中西医药知识的融合，促进藏医药新产品的开发以及跨

知识体系的产品合理应用，从而达到疾病治疗和健康维护的目的。它既包括认识论角度的隐性知识和显性知识之间的转化，也包括从本体论角度在产业链条上的不同组织之间的知识转化。知识转化是知识创新的过程，知识创新是知识转化的结果。

藏医药知识转化与藏药现代化、科学化的概念有相似之处，都主张采用现代的技术和手段对传统的知识进行释义，使其能为现代接受，都是以藏药在现代临床诊疗场景下被接受和合理使用为目标。但二者也有很大的不同，基于产业发展的藏医药知识转化更强调对藏医源头的疾病治疗相关的传统知识的继承和发展，认为这些源头知识是藏药知识创新的基础，蕴含着极大临床价值并可以指导研究工作。基于藏药产业发展的知识转化更强调医学转化，以"药学固化传承、医学转化应用"为基本方式。此外，藏医药知识转化更强调企业作为藏医和西医之间的"结构洞"[5]，是信息流动的关键，是藏医药知识创新的主要动力。对于藏药产业发展而言，基于藏药合理应用的传统藏医药知识转化更有现实意义。

根据野中裕次郎的知识创新理论和中低技术产业创新的理论，藏药产业的吸纳外部知识、转化内部知识的知识创新并不是突破式的从无到有的知识创新，是通过对外部知识的吸收并与自身知识集相融合的途径来完成创新，也是通过不断发掘、发展和整合自身所拥有的知识集的方式实现创新。藏药产业是通过满足不同消费者的需求过程中的知识创新而获得产业竞争力的提升。

4.3.2 藏医药知识转化消除医药产业分工带来的"知识断层"

医药产业是高知识、高技术的产业，产业存在的根本在于将疾病治疗和药物的知识转化成有临床价值的产品，为患者解除痛苦。从图 4-10 现代药物研发和传统药物研发过程的对照中可以看得出两种研发模式的知识流动情况，毫无疑问，化学药物、生物药物的新药研发能够形成一个分工精细、流程清晰的知识闭环和体系化的知识创新系统，这个知识闭环的形成有全国甚至全世界的医药科研人员的知识创造的贡献，有全世界的现代医药学体系的科研投入为支撑，是全世界范围内的知识循环，而且知识可以在不同组织、不同区域螺旋式上升，不断获得知识的创新和增加，从而带动技术进步。

但是对于传统药物来说，其医药知识的闭环很难形成，导致这个问题出现的原因可以从传统医药的医药一体化模式和现代医药产业的明显分工来比较和分析。具体来说，在现代工业模式下，医药分工明显，药品属于第二产业的制造业，而医疗属于第三产业的医疗服务业。药品（包括化学药和生物药）的产业链相对来说分工精细，知识标准化和外显化的程度高；而传统医生的医疗领域则分工不明显，知识的内隐化程度高，传统的临床医生往往集诊断、治疗甚至药物配置于一体。现代医药分工模式下，传统药物作为传统医药知识的载体，传统治疗知识从传统医生的医疗体系进入制造领域与天然原料结合然后物化为传统产品，进而再进入现代医疗体系或传统医疗体系。这种蕴含着传统知识的经过工业化、GMP制造生成的传统药物在流入到对产品传统知识要求不高，但对于产品的传统知识的诠释、转化和转移之后形成融合性知识却要求颇高的西医医生市场时，在这个过程中传统医药的知识闭环并不能形成，反而变成一个从上游到下游的知识传递过程。而且传递下来的知识与现代临床需求的差异化程度高，也并不是西医医生临床诊疗中最需要的关于如何合理使用该药物的有关知识。换言之，现代工业模式下的赋含在传统药品中的传统医学知识传递到西医临床过程中出现了"知识断层"。最终，这种医药分工模式导致的"知识断层"必须通过产业的知识创新活动来修补。图4-11显示了藏药的知识的传递过程。

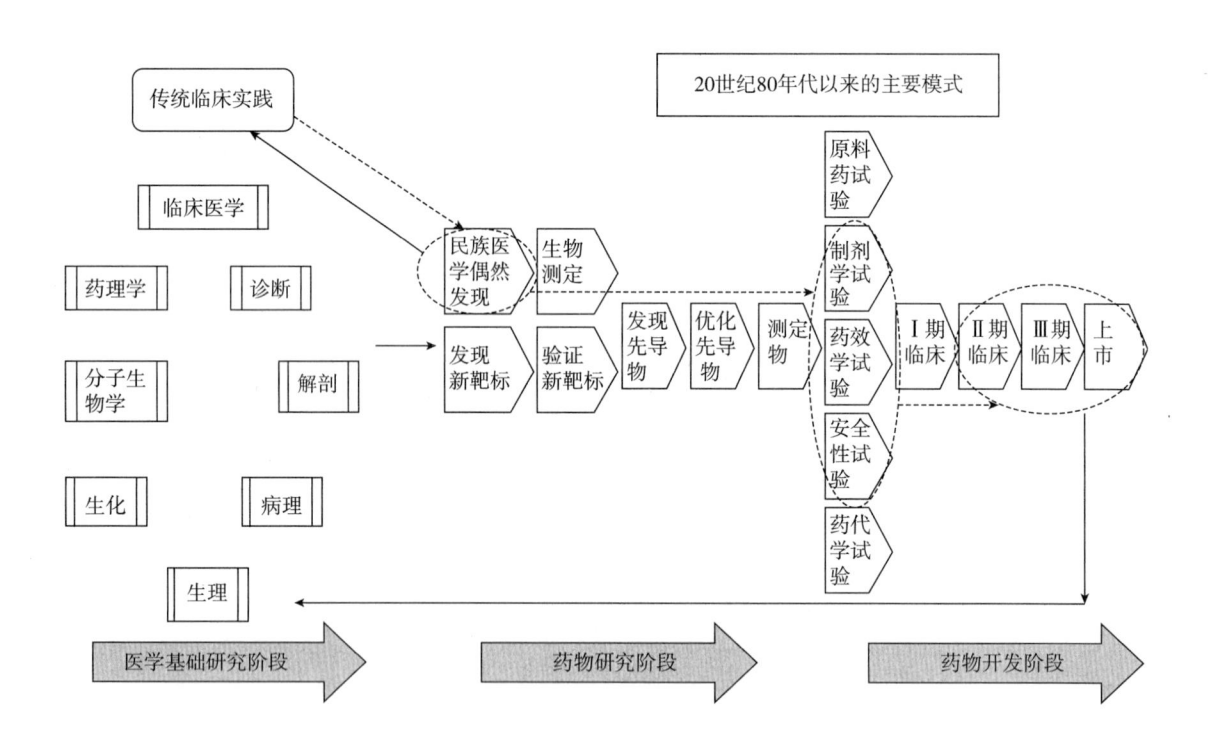

图 4-10　传统药与现代药产业知识链条的差异

Fig 4-10　The difference of knowledge chain between traditional medicine and modern medicine industry

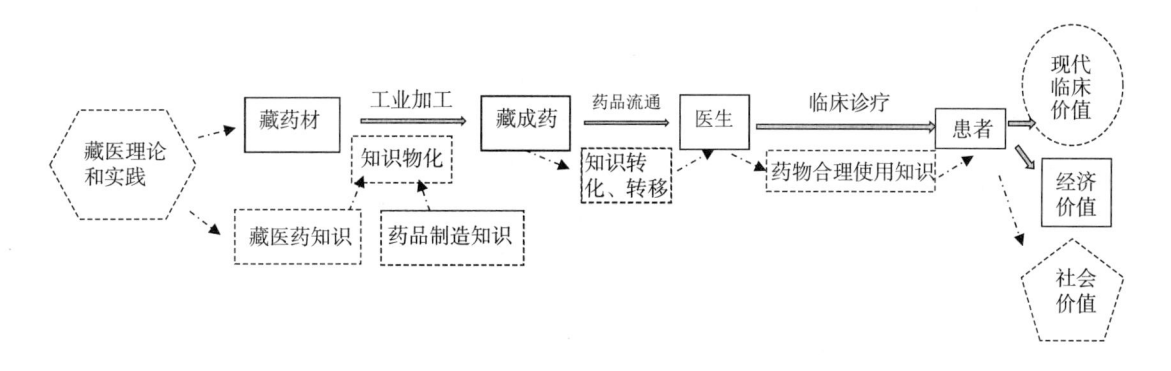

图 4-11 藏医临床知识的转化、转移和传递

Fig 4-11 Transformation, transfer and transmission of Tibetan clinical knowledge

4.3.3 藏药产业链上的跨组织知识转化

藏医药知识转化过程既包括个体—团队—组织内部的知识转化，也包括产业链条上的各个组织间的知识转化，而且以跨组织的多次知识转化为主。组织内部的知识转化可以通过知识共享、知识螺旋的模式扩大组织的知识量，组织间的知识转化则通过知识融合、知识创新和知识组合化而增加产业的知识量。

（1）从藏医医疗到藏药产业的知识转化

这个阶段既有传统藏医诊断知识和用药知识的转化、传统治疗技术的转化，也有关于传统药材的基源、采集、炮制、加工等传统知识的转化，是知识增加的关键阶段。这个阶段转化工作最大的障碍是语言，其次是共同知识基础。

解决这些障碍的最佳方法就是通过学习和交流使得产业链条上在不同交接点都产生"知识冗余"，让产业的专业人员上溯到藏医药上游，能对藏医药知识有初步的、基本的理解；或者让藏医的专家能够下沉了解内地临床的诊疗用药模式以及藏药企业的学术需求，通过藏西医合作进行重大疑难疾病的联合攻关或医研企合作对具体药物进行研究。

（2）藏药产业内部的知识转化与创新

由于企业地域分散、企业间存在同业竞争等原因，藏药产业内部不同企业间交流偏少，即使有专业交流一般也是公知信息多，技术信息少，这与药品行业的知识产权维护意识相对较高、企业间对技术保密比较重视有关。由于技术保密的原因，即使有藏药企业发表的相关文献，多是局限在循证研究、资源鉴定和质量研究领域，涉及产品技术秘密的工艺、毒理相关研究的少。企业一般也不允许技术人员发表相关内容的文章。因此，产业内的知识转化更多是企业内部进行的，不同企业之间除非有资本关系，否则知识很难在不同企业间流动。

1）企业内部的知识转化与转移。企业内部知识转化和知识转移最常见的有研发—研发、研发—制造、研发—营销之间的知识转化和知识转移。研发部门作为传统藏医药知识和产品相关技术知识的转化与输出部门，通过对制造部门的药材炮制工艺、制剂工艺等知识的传递，对营销部门的医学知识和产品知识的输出，实现以产品为载体的相关知识由研发向企业产销部门的转移。企业制造部门在这个过程中主要承担知识的物化职能，营销部门承担知识对外转移的责任。

2）企业研发相关部门的技术创新。除了临床价值相关信息的转化外，企业内部的药品开发人员还承担着另外一类的创新工作，那就是关于药物物质实体的创新。通过引入新的制造工艺、新型材料、新的设备等，导致药物实体在结构形式、作用特点甚至物质成分的变化，从而带来药效、安全性、顺应性的变化，带动藏药产品的创新。例如将藏药制成气雾剂，借助辅料的制冷作用提升在急性扭挫伤患者的瞬间止痛效果等，这种传统知识＋外部技术的创新也是藏药渐进式创新的主要模式。

（3）从藏药产业往现代医疗体系的知识转化

产业往医疗体系的转化过程包括藏药产品知识转移到医生、知识转化为临床实践、临床实践信息反馈到产业3个部分，即产业到临床、临床内部、临床—产业。在现实环境中，产业的知识转化还要体现在往医保支付部门或者消费者的方向，前者是通过临床有效性、安全性和经济性的证据获得医保部门的支付认可，后者则需要把知识内容再次转化为消费者语言使其获得消费者认可。

产业到临床部分，目前主要通过学术交流会议、医学联络员等进行信息传递，这个过程中传递出去的知识一定是在企业内部已经转化过了的知识，是与现代临床诊疗实践相组合化的知识，例如纳入到临床指南、诊疗规范中的知识比较容易被医生接受，能够显示独特的不可替代的临床价值的知识容易被医生认同，单纯介绍产品的有效性和安全性的知识则容易被忽略。所以知识转化的有效性的标准应该以医生的接受度和临床诊疗效果或效益来评价。同样，提供给医保部门或消费者的知识也是如此。

图4-12是一个既往藏药相关知识和价值在产业和医疗行业之间转化和传递的过程。既往产业内往往研发弱、制造强、销售强，知识转化和转移弱，所以造成了产品价值不清、药物不合理使用的问题。只有强化产业研发部门的知识转化能力和营销部门的知识传递能力，才能破解这种传统药的产业发展中药物价值不清的难题。

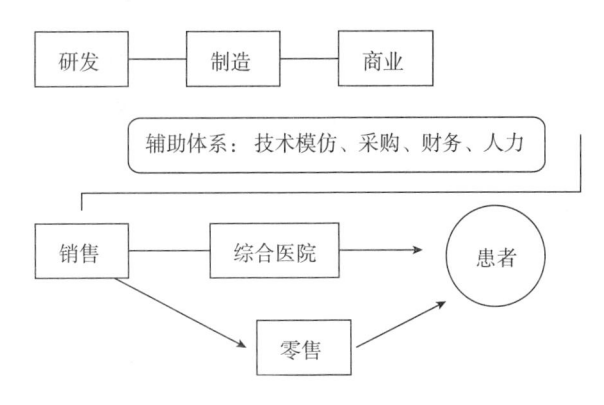

图 4-12 既往的藏药产业与医疗行业的知识转移
Fig 4-12 Knowledge transfer between Tibetan medicine industry and medical industry in the past

4.3.4 藏医药知识转化的特点

基于产业发展的藏药知识转化不仅是跨组织、跨文化、跨知识体系、多程的转化，而且还有如下特点。

（1）在藏中西 3 种知识体系间的转化

由于现代医学体系是当前的主流体系，医生数量最多，患者诊疗人次最大，所以藏西转化就是必须要采用的转化模式。藏西知识体系的转化是一个难度较大的工作，藏西体系之间知识冗余最少，需要创造的知识融合最多，相应的知识创新跨度也最大。

藏医传统知识还要做相应的藏中知识的转化。之所以进行藏中转化是由下面两个因素决定的：一方面藏医药属于大的中医药范畴，在药政管理体系中按照中医药的法规来管理，在新药研发时尤其需要相应的转化；另一方面，中医院也是藏药上市后的目标市场，中医院的医生也更容易理解和接受藏药，因为藏医和中医的思维体系和部分术语具有一致性（详见第三章藏医药与中医药的异同点）。

（2）从传统医药知识到现代临床实践的转化

所有的知识转化最终要体现到对临床实践的指导，体现到临床价值的提升上来。由产业发起的知识转化往往更关注下游需求端的要求，即基于药物用途的转化，转化的最终结果还是落在终端医生的临床实践中。通过对终端需求的洞察，把藏医源头关于藏药对疾病治疗价值的显性知识和隐性知识通过藏医医生—企业医学人员（隐性—隐性，显性—隐性，隐性—显性）、企业医学人员—企业营销人员（隐性—显性）、企业人员—西医医生（中医医生）（显性—隐性）的社会化、外显化、组合化和内隐化，最终实现终端医生临床用药准确性的提升，使得药物的治疗优势能够得到体现，使得患者的临床获益增加。这与由国家发起的公益性的基础研究有很大不同。

（3）针对核心治疗领域的选择性、实用性的转化

藏医药知识的转化是以企业为关键环节的转化，由于企业运营的非公益性，势必导致这个转化具有非系统性和选择性的特点。企业发起的转化一般是以各个企业选定的优势治疗领域的核心品种群为目标，构建起理论体系、诊疗技术和临床药物相关的知识转化模式。这对于藏药产业从零起步阶段，无疑是一种快捷、高效、实用的方法。但作为一门学科体系的基础性工作，这种模式会导致产业的共用知识基础薄弱，研究也缺乏系统性。

（4）"以疾病治疗"为核心的转化研究

在藏西转化、藏中转化过程中难度最大的还是不同医学理论之间的转化，尤其是藏西理论的转化。由于两种医学理论的方法论完全不同，一个是以还原论为基础，一个是以系统论为基础，藏西两种体系理论转化还有很长的路要走，加之研究能力和投入不足，目前理论的转化基本还处在学术研究的前期阶段。

当前基于藏药产业发展的知识转化的切入点应该是"疾病治疗"，不同的理论体系最终都落在具体的患者上来，藏医、西医都要面对相同的患者，所以先从机制清楚、诊断明确、实验方法相对成熟的现代医学疾病开始做起，比较容易入手。

4.3.5 以明晰藏药临床价值为目标的知识转化方法

藏药产业竞争的基础是药物的治疗优势，藏药治疗优势的根本在于藏药临床价值的清晰化和现代化，因此基于藏药临床价值明晰的医学转化研究就成为藏药知识创新的关键，常见的以明晰和提升藏药临床价值为目标的知识转化方法如下。

（1）病—病转化找准藏药在现代医学的疾病定位

藏医学的疾病名称与现代医学的疾病名称之间，很少能一一对应，如藏医的"白脉病"包含现代医学的"脑卒中""周围神经炎""神经外伤"等多种疾病，而现代医学的"骨性关节炎"则见于藏医的"黄水病""白痹"等疾病之中。这种藏西医疾病范围相互交叉的现象就在一定程度上造成了藏药在临床上的"同病异治、异病同治"的药物使用模式，增加了对药物进行精准临床定位的难度。解决这个问题的方法在于在开展评价之初就能对该药在现代医学疾病中的作用预期有清晰的认识，然后结合现代治疗措施的优缺点，选择药物治疗需求明显的几个方向开展研究[6]。

（2）病—证转化找准最适细分人群

每个药物都有自己的优势和劣势，很多时候在一个点上药效不突出并不意味着产品对其他方面也没有价值，因此细分领域、细分疾病、细分疾病阶段甚至细分年龄层就变得尤为

重要，最佳适用人群的研究是所有药物研究的核心。

1）首先除外不适宜人群。藏医治疗疾病遵循辨证论治的原则，同样是一个高血压疾病，有偏隆型，有偏血型，还有混合型，治疗上要根据分型的不同而采用相应的"调隆"或"清血"药物治疗。这种同病不同型的差异也成为藏西医学转化过程的障碍。对于没有接受过任何藏医学专业教育的西医医生来说，很难采用藏医辨证的知识和技能来判断某个藏药适合的细分人群。因此，首先需要对该药被批准应用的现代疾病的患病群体中不适宜（包括慎用和禁忌）人群的特点进行清晰的标注，以避免临床医生在使用过程中出现"药不对证反受其害"的问题[5]。

对不适宜人群的标注和区隔，是藏医知识转化的一个重要工作。显然，单一藏药并不一定适合目标病种里面的所有群体，证候寒热分型会成为区别不适合人群的最有用的方法。例如，藏药红花如意丸按照中医性味分析略偏温，虽然可以用于慢性盆腔炎性疾病导致的下腹疼痛，但是对于南方湿热地区常见的"舌黄苔腻的湿热下注型慢性盆腔痛"则不一定适合，同样虽然该药可以调经，但对于"气血亏虚、气不摄血导致的月经淋漓不尽"则不一定适用。对于现代西医医生群体来说，学会中医辨证、藏医辨证还是有一定难度的，但是通过"舌的颜色"来看寒热、通过"疲乏程度"来判断是否气血亏虚就相对简单易行一些。

2）临床流行病学分析疾病分型。根据临床流行病学调查，寻找该诊断人群的疾病证候分型，判断药物对应的最适宜患者的证型特点和人群比例，并用简要的语言描述该证型，如中医区别风寒感冒和风热感冒常常询问是否有"咽痛"。维医治疗白癜风的研究就是利用证型区分提高疗效的成功案例。白癜风在临床上治疗效果差，痊愈率低。维医通过临床流行病学的研究，分析出白癜风患者有六成以上是"涩味黏液质型"，并找到该型患者血液中细胞因子 EP-β、IFN-γ、sICAM-1、5-HT、IL-10、IgG、TNF-α、IL-8、IL-2、IL-6 的变化规律和体液免疫的特点，从而针对病因提出了用"成熟疗法"和"清除疗法"的药物来治疗的原则，将白癜风的临床痊愈率从 4% 提升到 11%[7, 8]。

3）根据病程和病情判断最佳人群。将不适宜人群除外之后，接下来的适应证范围内的人群应该都是该产品的适应人群，但在疾病的病程演变过程中，在不同的疾病阶段，医生往往会采用不同的治疗措施，例如藏医在流感初期要应用的"四味藏木香汤""七珍汤""催汤"治疗"未成熟热"，而在流感中期则用"流感丸""五味宽筋藤汤散"等治疗"增胜热"。

通过医学翻译圈定适应证人群（如图 4-13 所示），进而把适应证范围内的不适宜用药人群排除，最终在适合用药群体中寻找疗效最佳人群，通过这样逐步地病—证—症结合的研究工作，不仅可以降低药物不良反应的发生率，而且有助于提升患者的临床治疗有效率并有助于解决传统药物的现代精准使用。

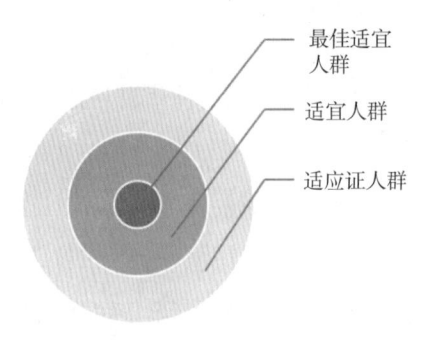

图 4–13　藏药对现代医学适应症中的适用人群分层
Fig 4–13　The applicable population stratification of Tibetan medicine in modern medical indications

（3）证—症转化或症—症转化找准药物治疗特点

要将藏医指导下使用的藏药疗效优势转化为在现代医学模式下具体疾病治疗的差异化效果，"西药格式化"是一种常用方法。"西药格式化"就是将目标藏药和现在已经使用的相同疾病、相似药理机制的某些西药进行类比，从而将原来按照藏医药理论组成的药物处方，转化为在西医治疗方案中有一定位置的"西药化"之后的用途清晰的藏药。这样通过知识的转换在不影响藏医对其原有功效特点的认知的同时实现了西医视角下的药物价值清晰化。这个转化过程也是一个对药物临床价值的认识不断深化的"知识加值"的过程[5]（见图4–14）。

当然，对于一些全新药物的治疗作用，例如具有孤儿药作用特点的藏药新药、或者是一个完全处于治疗空白的藏药新药，在没有可以参考的西药的情况下，可以基于临床治疗需求，重新设定治疗目标和治疗方法，不必采用前面所讲的"西药格式化"的模式。

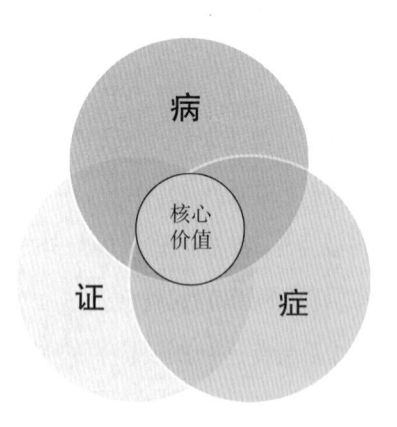

图 4–14　藏药知识转化过程中病、证、症之间的交叉关系
Tab 4–14　The cross relationship among diseases, syndromes and symptom in the process of Tibetan medicine knowledge transformation

（4）临床—基础—临床转化探索药物临床方向

在藏药价值转化研究中，往往要根据某些藏药在现代临床应用中表现出来的药效特点和疾病病理机制，来推断该药可能的现代药理作用，进而通过公认的现代药理实验方法进行研究和确证，并借以研判其与同类中西药物相比的优势和劣势。即使该药是一个大复方，仍可抛开具体的处方组成，将该复方藏药视为一个具有某种现代药理作用的抽象药物[5]。以治疗风湿性疾病的二十五味驴血丸、十八味党参丸、十五味乳鹏丸等藏药为例，虽然这些配方可能有免疫调节、代谢调节等药理作用，但如果作为镇痛药物出现在治疗方案中的话，其最终镇痛机制可能都与抗炎相关。

在对藏药的药理机制有了深入的研究之后，可以借鉴现代药理的研究成果，推测该药的临床作用特点。还可以结合当前现代医学的新进展，开展该药物的新临床方向的探索。

（5）藏—中医学理论的类比和转化实现"藏药中用"

由于藏医缺乏明确诊断标准和疗效判断标准，多数情况下药物临床研究时只能套用中医的标准。同时考虑到采用中医类比的方式来说明藏药的效果也有助于中医临床医生的接受，所以往往会采用一些藏中转化的模式。

以感冒药的转化为例，藏医著名的感冒治疗药物催汤丸，《2015版中国药典》记载的功效是"感冒初期，咳嗽头痛，关节酸痛"。从上述症状来看，基本无法判断该药是对于中医的"风寒感冒"还是"风热感冒"有效，因为上述症状在风寒和风热感冒都会出现，不具有特异性。而藏医也认为该药"风寒风热均可使用"；如果分析药性，则是热性的"干姜"和凉性的"宽筋藤"并用，显然这个配方模式与传统的中药配方均不相同，中医"风寒""风热""暑湿"的任意一个分型均不适合催汤丸的证候，这对于临床试验来说就比较难以设计和操作。但如果不做分型处理则显然又不符合现行的新药临床研究指导原则和临床用药规范。为了解决这个藏中医学转化的问题，研究团队在Ⅱa期临床试验中，同时启动了催汤丸治疗风寒感冒和风热感冒各30例的两个临床研究，以对照不同证型的有效性，最终发现风寒证型有效率略高于风热证型，最后课题组经过反复研究，将催汤丸的证型定为"表寒里热证"，也就是俗称的"寒包火"。

（6）组合—单一用药模式转化方便临床用药和评价

藏药临床治疗中早、中、晚往往采用不同的治疗药物，这与中医、西医往往每天服用同一个配方或药物进行治疗有很大不同。如果只选择藏医组合药物中的一个药物作为开发目标，则不仅改变了藏药的原有使用模式，还可能带来疗效下降和安全性降低的风险。例如，藏医治疗"脑卒中"，会使用如意珍宝丸、二十味沉香丸等系列口服药物加白脉软膏等外用药物治疗，但在当前研究模式下要证明某个药物的有效性和安全性，则只能将该药单独与常用的中药、西药或安慰剂进行大样本随机平行对照研究。要判断这种将药物组合效果转化为药物单一疗效的可行性，还是要借助于药物非临床安全性研究方法，以及改变原有传统藏医用药方式的真实世界状态下的临床预试[6]。

通过上述几种转化方法，将藏医临床用药知识不断与其他学科知识组合化、内隐化、社会化、外显化而实现知识循环，使得藏药的传统知识在以企业为纽带的藏医、企业、中医、西医不同知识主体之间螺旋式上升（图4-15、图4-16），最终实现产品临床价值的清晰化，支撑产品治疗优势。

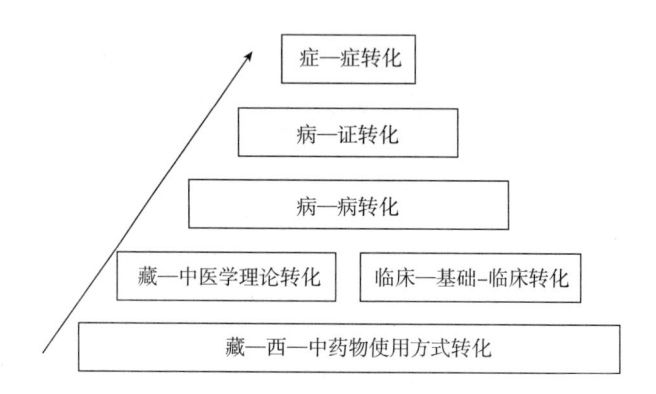

图 4-15 藏药临床价值的知识转化方法及逻辑关系

Fig 4-15 Knowledge transformation method and logical relationship of Tibetan medicine clinical value

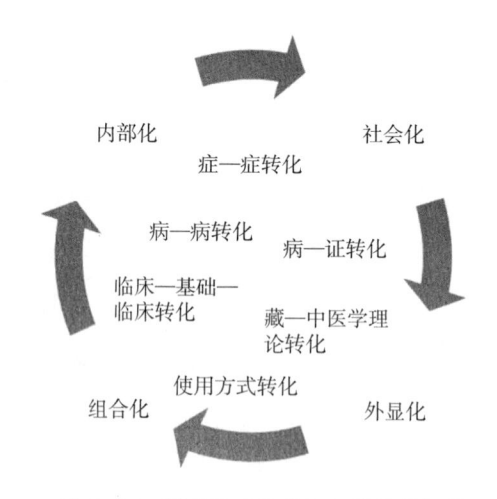

图 4-16 藏药临床价值知识转化的螺旋

Fig 4-16 The spiral of knowledge transformation of clinical value of Tibetan Medicine

4.3.6 藏医药知识转化的3个关键环节

藏医药传统知识转化成功的关键在于转化过程中的转译、转换和宜化3个环节（见图4-17）。

```
社会化  外显化  组合化  内隐化  社会化  外显化  组合化
   ┌──────┐    ┌──────┐    ┌──────┐    ┌┄┄┄┄┄┄┐
   │ 转译 │──→ │ 转换 │──→ │ 宜化 │──→ ┆ 实践 ┆
   └──────┘    └──────┘    └──────┘    └┄┄┄┄┄┄┘
```

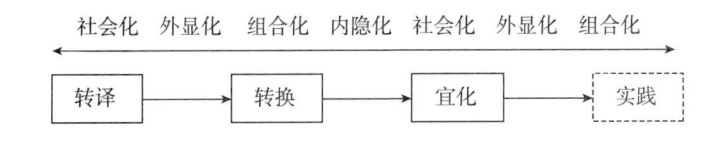

图 4-17　藏医药传统知识的知识转化的关键环节

Fig 4-17　Key links of knowledge transformation of traditional Tibetan medicine knowledge

（1）转译

转译是指将传统上用藏语表述的药材基源、采集和炮制方法、药物配方原理、医学理论、临床治疗经验等藏医知识精华，翻译和转化为汉语或其他语言表达出来，让非藏医药专业人员能够初步理解和接受的过程。转译过程是一个将显性或隐性的藏医药知识通过翻译者的知识加工和重组，使之转化成另外一种显性知识的过程，是一个藏医药传统知识社会化和外显化的过程，这个过程需要有懂藏、汉（英）语的现代药学专业人员和懂藏医、现代医学的医学人员才能完成。

转译要忠实于传统和事实。对于药学翻译来说，翻译者既要实地资源考察、药材采集、基源鉴定，还要与传统藏医一起进行药材的炮制、加工，一起进行制剂的加工，才能真实理解藏药的实际情况。对于医学的翻译来说，则更要困难的多，一般需要有医学基础的人员，在取得藏医临床医生认同的情况下，对藏医临床过程进行观摩和学习，才能对藏医理论和实际技巧有一定的真实理解。现实状态下，和通晓现代医学的藏医专家进行对话沟通可能有助于转译的快捷、清晰和准确，只有不断地与临床和理论造诣颇深的藏医学专家进行沟通校正，才能做到转译的"信、达"，单纯由藏医的书籍文献进行现代医学转译往往会失去原意。

在复合型人员缺少或缺失的情况下，转译的工作需要通过团体的力量来实现，即由藏医药专家、现代医药专家、藏汉（英）翻译人员、现代医药政策法规人员组成的团队在密切交流互动的情况下才可以完成这项工作。

（2）转换

转换的过程就是将翻译过来的藏医药原创的基础理论、临床治疗经验以及特定药物的临床价值等通过现代的试验（实验）方法开展研究的过程，通过将传统和现代医药学对接，实现对翻译结果的微观证据的还原以及临床患者在现代诊疗体系下的临床价值的再定位，是从现代医学体系的角度对传统知识的再认识的过程，也就是现在常说的"阐释传统医学的科学内涵""中医药转化医学"[7,8]过程。《世卫组织传统医学战略 2014—2023》中也曾经提出，"通过对传统和补充医学的研究与开发，……鼓励知识的产生、转换和传播。"[9]。

转换过程有传统医学理论—现代医学理论、传统医学理论—现代临床应用、传统临床应用—现代临床应用等的不同转换模式，这些转换模式与现代"转化医学"的不同之处在于前者是跨传统和现代医学体系的转化，而不仅仅是现代基础研究到现代临床应用[10,11]。其中，传统临床—现代临床的转化是主要途径。从"青蒿治疟"到青蒿素的发现、"柳树皮止痛"到阿司匹林的发明都是利用现代天然药物化学药方法开发新药的经典模式。传统藏药在藏药材的天然植化研究基础相对薄弱、研究力量严重不足的情况下，走传统临床—现代临床的知识转化模式是目前最佳的选择，即植化研究作为药品质量控制手段，基础医学研究和临床研究作为传统药物现代临床价值判断依据的模式，其中基础研究包括药效、药理和毒理学研究，临床研究包括方向探索性研究和确证性研究。就具体研究技术而言，需要借鉴现代的药理毒理方法和临床研究方法。如何在此基础上体现出传统理论和传统药物的特点，更好地指导药物的临床使用，肖小河教授的"有故无殒，亦无殒也"毒理研究成果[12]和"复方黄黛片治疗急性淋巴细胞性白血病"[13]的临床研究提供了可行的思路和方法。

（3）宜化

宜化，就是对已经转译、转换过的藏医药原创的知识和技术根据内地的诊疗需求进一步与现代治疗方案进行融合，实现对现代治疗手段的联合或替代的目的。宜化过程实质上是二次转换的过程，要将药物的原有治疗价值在现代诊疗环境下再次"调适"，根据目标客户的临床应用需要，实现藏、中、西治疗方案的有效组合，使其与现在临床诊疗实际一致。宜化过程也是一个基于对目标客户需求而进行的二次研发和知识组合化的过程，既包括对原知识（信息）编码的基础上基于对客户需求的理解进行二次编码的过程，也包括对原医药技术进行再次研发改进的"微创新"过程。这个过程的最终产出成果是将藏医药的技术和知识纳入到现在通行的诊疗方案（通过团体标准、规范、共识、指南、临床路径等形式）之中并得到临床医生（不仅是藏医师）的认同和使用。

考虑到治疗的经济性，在一个疾病治疗方案中即使藏、中、西治疗措施同时出现，其功能应不可以出现重叠，这一方面要求藏药或藏医治疗技术应该具有不可替代的作用，才能在这个综合方案中获得被使用的机会；另外一方面要求对藏医药原有方案做相应取舍，不能把所有藏医整体方案都原封不动地移植到现代治疗方案中。宜化的过程也是需要大量研究的过程，只有通过研究才能明确各个藏医的药物和技术与同类中西药相比的优劣势和替代补充效果，才能明确组合后方案的临床有效性和经济性。

上述转化过程也适合于传统技术的转化，但传统医学技术的转化比药品的转化还要复杂，是一个知识转化+技术创新的过程。如藏医传统的药浴技术、金烙技术、放血技术等，这些都是藏医的特色治疗技术，在现代医疗条件下，这些特色技术在内地很难获得使用的机会，这其中有器具的问题、医学理论的问题、操作手法的问题等，因而需要通过研究发现其核心原理，然后在不改变其核心要素的情况下，对藏医的特色技术进行传承和改良性创新，使得其在现实医疗环境下可以被便捷、高效地应用,有时甚至直接借用现代的设备或技术进行操作。对于治疗技术来说,尤其需要关注宜化的过程,因为治疗技术往往对场地和设施有相应的场景化要求。以藏药浴为例,传统的藏药浴是全身浴为主,对水温和辅助热炕等有相应的严格的要求[14]。在现实情况下,由于内地诊疗场所的条件不同,有些医疗机构不具备这种开展全身浴的场地要求,因此也就出现了腿浴、局部蒸汽浴等改良的藏药浴样式,例如有些内地医院的药浴科室应用改良过的中药熏蒸治疗仪代替藏药的药浴设备进行藏药熏蒸。

4.3.7 影响藏医药知识转化效率的因素

跨组织间的知识转化除了受前述的藏语语言翻译、创新投入等因素的影响外,还有下列因素也会阻碍藏医药知识的转化效率(见图4-18)。

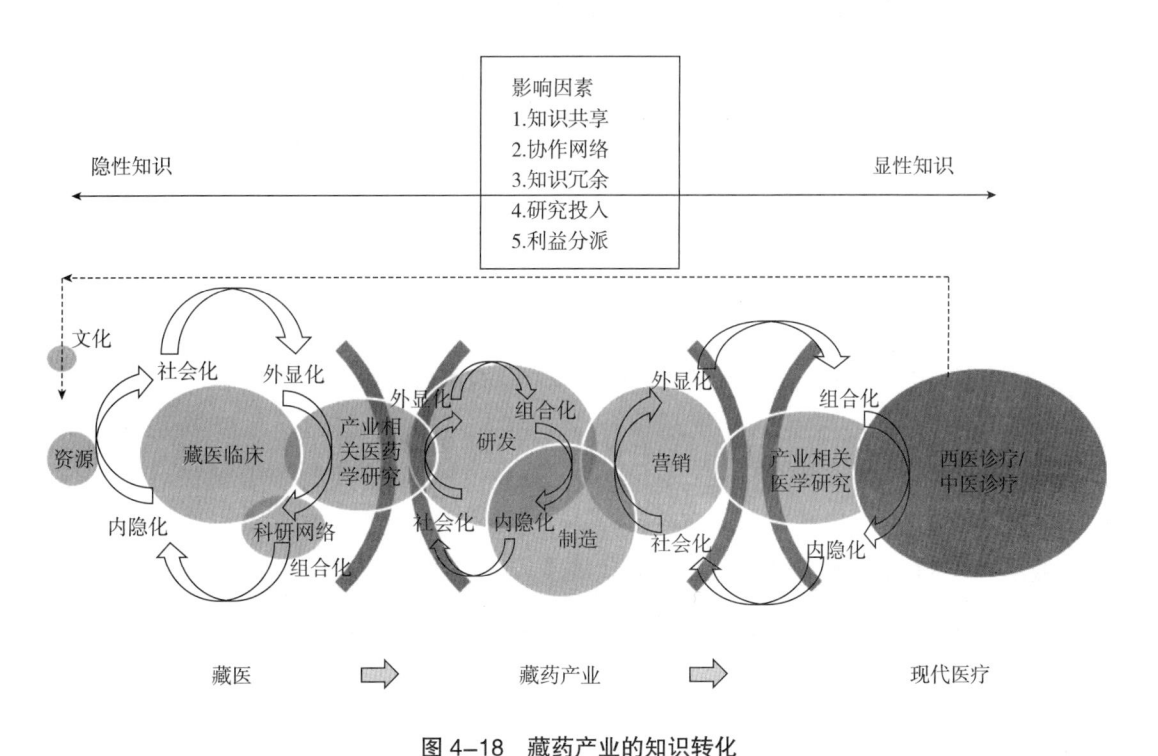

图 4-18 藏药产业的知识转化

Fig 4-18 Knowledge transformation of Tibetan medicine industry

(1)知识共享难

不同组织之间很难形成知识创新所必需的可供学习和转化的知识库,尤其是可以供不同单位、不同知识背景的人随时调阅和学习的公益性的知识库,因此组织间知识成果再利用效率低,知识沉积在不同组织内部,造成有资源、难流通的现象。

（2）创新协作差

藏医药知识转化过程中还有一个跨组织沟通障碍的问题。由于藏医药专家往往是在国有事业单位任职，和藏药企业属于不同组织，组织间由于行政上不相统属，相互协调困难。造成组织内的个体和另一个组织内的个体进行沟通时，组织之间没有足够的沟通网络和对话平台，也就是知识交流的"场"。一般只能由利益相关性最大的企业单位率先发起从上游到产业的转化，才能推动协同创新工作。

（3）知识转化的投入和收益方不清

我国现行知识产权制度和行政制度并不能有效保护藏医药知识，目前藏医也尚未建立能够与知识产权体系相对接的类似于印度TKRC的传统医学知识保护体系[15]，这就造成了因为藏医学知识进行产品开发和商业活动后无"惠益共享"机制导致部分藏医专家在知识交流时有顾虑，而厂家对公知领域投资之后没有产权保护也就缺乏持续投入动力。

（4）缺乏"知识冗余"阻碍了传统知识向现代产业的转化和转移

根据野中郁次郎的理论，"知识冗余"有利于交流，尤其在知识的社会化阶段。当缺乏藏医药基础知识的人在与藏医药的专家进行沟通交流时，很难产生"共情"的感觉。由于当前教育体系的差异，有藏语背景的接受现代医药学教育的藏族学生很难理解藏医药专家关于藏医理论和和藏医药术语的表达，而接受藏医药教育的藏族学生由于现代医学教育的薄弱和汉语表达能力的问题也很难把藏医药的知识进行准确翻译和表达到位从而传递给产业。更遗憾的是，产业内部也极度缺乏能够听懂藏医药专家意见的有藏医药教育背景的人才，所以缺乏有一定"知识冗余"的桥梁型人才是这个阶段的主要制约之处。

4.4 小结

藏药产业存在的基础在于藏药产品在优势领域、优势病种上面的治疗优势，藏药产业的发展应该立足于产业的品种基础和知识资源的优势，充分利用外部需求、政策、技术等机会，通过知识创新和技术创新，克服内外部不利因素，形成特色的基于竞争优势的发展战略。

参考文献

[1] 罗尔丹，李林贵，卞鹰. 西部农村基层医疗机构门诊处方中成药使用现状[J]. 中国卫生政策研究，2017，10（7）：60-64.

[2] 王永炎，杨洪军. 中小型中药企业大品种培育策略与路径分析[J]. 中国中药杂志，2014，39（5）：755-757.

[3]中药大品种联盟，万方医学.中药大品种科技竞争力报告（2018版）[R].北京：中华中医药学会，2018.

[4]方向华，王淳秀，梅利平，等.脑卒中流行病学研究进展[J].中华流行病学杂志，2011，32（9）：847-853.

[5]罗纳德.S.伯特著.结构洞：竞争的社会结构[M].上海：格致出版社，2017.

[6]陈维武，孙利华.从知识价值链视角看藏药新药研发策略[J].中国新药杂志，2019，28（17）：2049-2055.

[7]阿肯木江·艾尔肯，斯拉甫·艾白.结合维医理论论述白癜风病机与免疫机制[J].中国民族医药杂志，2014，11（11）：69-71.

[8]吐尔逊·乌甫尔，斯拉甫·艾白，热甫哈提·赛买提等.白癜风患者1051例维吾尔医辨证分析[J].中国皮肤性病学杂志，2010，24（11）：1056-1057.

[9]蔡桦杨，卢传坚，杨雨齐.符合中医药特点的转化医学研究思路与模式探索.世界科学技术——中医药现代化，2013，15（5）：982-986.

[10]世界卫生组织.世卫组织传统医学战略2014—2023[DB/OL]. https://www.who.int/publications/list/traditional_medicine_strategy/zh/p17.

[11]来茂德.转化医学：从理论到实践[J].浙江大学学报（医学版），2008，37（5）：429-431

[12]肖小河，王伽伯，鄢丹.转化医学：让中药现代化又快又好走进临床[J].中草药，2012，43（1）：1-8.

[13]Wang, L. et al. Dissection of mechanisms of Chinese medicinal formula Realgar–Indigo naturalis as an effective treatment for promyelocytic leukemia. PNAS 105, 4826–4831（2008）.

[14]黄福开.论藏药浴的学术内涵及其发展[J].中国藏学，2002，（2）：26-32.

[15]陈晓林，尚群.当代中国藏医药知识产权保护的现实困境与出路[J].宁夏社会科学，2016，（4）：59-67.

第五章
基于竞争优势的藏药产业发展战略的实施路径

从前两章藏药产业竞争核心要素的 SWOT 分析和可行的发展战略组合可以看出，藏药产业的发展应该依托藏医药具有比较优势的知识和技术资源，充分利用国内健康领域不断上升的需求和中医药下基层的机会，聚焦于特色优势领域和特色优势品种，增强产业的创新转化能力，通过知识创新和技术创新培养在医疗和健康方面的潜在竞争优势领域，打造核心品种在优势领域的竞争力，形成产业的差异化竞争优势，实现以点带面的突破，逐步发展壮大藏医药产业。本章将继续以波特关于产业竞争优势的核心要素的提升为主旨，以创新为手段，规划藏药产业发展战略的实施路径。

5.1 培育核心生产要素形成产业竞争优势

5.1.1 集中力量培育优势品种

（1）筛选有治疗优势和市场潜力的藏药品种

筛选藏药潜力品种，应优先考虑可能对藏医优势病种有一定治疗优势的藏药，同时参考当前中藏药大品种的特点，优先考虑独家、医保（OTC）、资源可持续性好的品种。当前定价权、准入和壁垒、独特配方、营销投入、公司实力仍然是传统药物大品种成功的关键要素。

另外，在独家产品评估的时候重点要考虑资源的持续性、产品的合规性以及处方来源的可靠性等。当前按照申报工艺合规生产是包括中成药在内的传统药企业的底线，中药的工艺一致性问题是历史原因沉积下来的还未能得到完全、有效解决的痼疾。另外，有些藏药品种属于特殊时间报批下来的"政策性品种"，配方合理性不足，技术研究资料缺失，临床使用记录空白，因此很难对疗效产生明确的预期，这个时候藏医专家评议和临床预试验是相对稳妥的策略。

（2）关注适合基层市场的特色技术和品种

基层医疗机构中，医生知识水平、临床经验与三级医院医生均有一定的差距，而且由于诊疗设备配置原因，基层的诊断能力普遍受限。基层医生也往往对治疗特色的要求更高，对慢病患者的治疗效果的期望更高。那些有助于提升治疗效果、适应范围广、操作简单、不良反应少、收费合理的临床适宜技术往往更受基层医生的欢迎。

藏医简、便、效、廉的外治法众多，非常适合和药物形成药械合一的搭配在基层推广，如火灸、藏药浴（改良后）、藏药涂擦、头浴等，在通过治疗技术提升临床疗效的同时，还可以带动藏药的临床应用。当然，公立基层医疗机构对基药药品使用的比例限制（一般基层用药要求基药配置比例在90%以上）也意味着藏药要争取更多的基药准入或者藏药饮片的全国准入的政策机会，才能更好解决药械合一行销的问题。当前部分省区采用的统一社区医疗和三级医院用药目录的策略将有助于解决藏药的基层使用问题。藏药在基层的另外一个渠道是基层的非公立诊所，这个渠道的用药可以不受基层用药目录的限制，但对于治疗成本、疗效和特色更加关注，藏药正符合其要求，因此也是一个可行的渠道选择。

（3）集中培育、集中生产和合作营销

建立产业联盟，整合优势品种和优势营销资源，重点投入，集众企业之力打造优势品种。通过品种转让、委托加工等方式可以实现集中生产而降低生产成本，通过合作营销可以避免自建营销队伍的高昂营销成本。从2015年到2018年的中药上市公司的年报来看，中药上市企业的营销费用率都在40%～60%，这就意味着企业大量的成本是在营销环节产生的。对规模偏小的大多数藏药企业来说，集中精力放在上游知识传承、转化，把营销环节外包给有营销渠道的藏药企业，是可行的产业发展之路。而且，领域聚焦的品种群不仅可以通过范围经济降低营销成本，还可以通过知识共享提升知识创新的效率，通过专业分工和熟能生巧而逐步提升产业链条上各环节的比较优势。

品种汇集意愿和利益共享机制是建立产业联盟的前提。从藏药产业既往的集团化尝试失败的经历来看，品种的集中是个巨大的难题。每个企业都不想把自己优势的品种外包，而是希望借助其他企业的渠道营销自己销售不利的品种，最终导致缺乏互信、营销不力、合作解体，因此产业联盟首先要解决品种汇集的意愿问题。品种集中的另外一个难题是利益分配，根据行业既往的潜规则，一般制造端只能保留20%左右的费用，其他均是由经销商来支配，制造端因为获利太少并没有太多积极性加入联盟合作。要解决这个问题，除了利益分配要公平外，更重要的是能通过共用营销渠道降低经营成本，提升利润空间，实现双赢。此外，品种转让在现实中也存在法规限制、原生产人员安置、税收转移等实际操作问题,往往需要地方政府出面协调才能解决,营销联合是当前最容易实现的品种整合模式。

5.1.2 选择有藏药竞争优势的差异化细分领域

筛选有潜在优势的疾病细分领域,要考虑如下因素。

(1) 该领域存在未被满足的需求

要考察现代医学临床上存在的不满意之处,考察该治疗领域现在主流治疗方案在患者生存时间、治疗方案不良反应、现有治疗带来的不便、治疗(持续或起效)时间等方面的特点,以及疾病或症状的严重程度、疾病对健康相关生活质量的影响等几个维度来综合评估当前需求未被满足的程度[1]。

(2) 优选药物治疗必需的细分领域

同样是未被满足的需求,相对来说危及生命的疾病领域更容易获得关键客户——医生的关注,可以治愈疾病的药物相对于提高生活质量的药物更容易获得高的支付意愿和使用意愿,尽量不选择藏药处于明显辅助地位而且医生对治疗的必需性认知不高的领域,例如化疗导致的骨骼肌肉疼痛,由于对患者的生命安全不构成威胁,临床上对疾病的重视程度就不如对化疗导致的白细胞降低的重视程度高。

相对而言,即使是辅助治疗,传统药临床用药的必需性也有很大差异。例如,中药虽然有上千年的促进骨折愈合的使用经验,但在当前骨折广泛采用内固定手术而不是中医小夹板外固定的情况下,促进手术后骨折愈合的中药对医生来说临床必需性就不强。但如果药物对应的是骨折愈合迟缓或骨不连,则促进骨折愈合的中药就有一定临床价值了。

(3) 聚焦藏药有潜在竞争优势的细分领域

如前一章分析,消化系统、骨骼肌肉系统、神经系统是藏药可上市品种集中、而且有一定市场基础的领域。但相对而言,这3个领域也是属于传统药、现代药都相对成熟、竞争激烈的领域。藏药应该基于核心品种的竞争优势定位在一些在治疗需求未被满足的细分领域。

在细分领域选择时应优先选择化学药和生物药效果差而且中成药缺乏领导品牌的领域,优先选择藏药有独特治疗理论和疗效优势的细分领域(如功能性消化不良、痛风等),避开现有治疗比较满意的细分领域例如消化道溃疡等。相较而言,选择竞争压力小且藏医有一定治疗经验的领域,则更有可能显示出产品的效果和不可替代的价值,如神经系统病毒感染导致的神经功能障碍以及精神类疾病等。

5.1.3 发育新渠道营销能力

对于藏药产业来说，除了通过丰富药品线继续在竞争激烈的医疗和零售药店通过药品的渠道细分和领域细分把当前的药品市场做大的策略外，围绕特定领域的患者的差异化需求进行多类别、多样化的产品供应也是战略领域聚焦的一个可行策略，但是相应的产品商业化过程尤其是发育多产品线营销能力又变得尤为困难。除了药品外，其他类型的产品营销渠道都在非医疗渠道，甚至不在零售药店，发展电商、微商等新渠道的能力成为产品商业化成功的前提。

目前藏药企业在非医疗领域的新品开发与上市还未见突破，这与藏药产业普遍的营销能力不强、产品商业化能力不足有关。藏药产业需要通过引入具有新营销能力的合作伙伴来促进非药类产品的上游开发和产品营销，进而培育自己在新渠道的新品开发和营销能力。

5.1.4 强化其他关键生产要素建设

（1）加强标准化建设

标准化是藏药产业现代化、规范化健康发展的关键。藏药标准化建设领域有两个重点：一是关于藏药原药材、藏药饮片、藏药成药质量分析与控制的"技术标准"；二是关于制产规范性、研究科学性以及医疗养护过程的"体系标准"。这两类标准相互支撑、相互依托，目前藏药产业的这两个标准化建设工作都还尚待健全和完善，尤其是"体系标准"。藏医药产业化发展离不开这两个方面的标准化建设工作。

（2）重视基础研究

当前原始创新知识的供给与转化不足成为制约藏药产业发展的关键问题。政府和产业应该重视藏医原创思维的价值，加大对藏医科研院所基础研究工作的支持，鼓励有条件的企业培养自己的基础研究能力，强化理论、成分、机制、药效、毒理等研究，鼓励原始创新，夯实藏药材种植研究、藏药炮制规范的研究等产业发展必需的基础性工作，以支撑企业的技术创新和医疗端的临床应用创新建设。

（3）关注人才培养和储备

藏医药产业要根据藏医药的现代化、产业化的需要实施积极的人才储备战略。一方面要聚集藏区优秀专家的力量，培养藏医药的专精人才，使得藏医药的原创知识得到传承和应用，避免那些经过长期的临床实践总结出来的、疗效卓著的验方和技术经验流失；另一方面还要注意复合型人才的培养，藏药产业需要熟悉药物学、化学药、现代医学的高层次、高学历的技术骨干和学术带头人，以及既懂藏医药专业又懂经营管理的复合型人才。随着藏药产业的不断发展前行，与智能制造相关的工程机械、机电一体化、信息技术方面的人才以及资源持续性有关的种植技术人才也变得更加重要。

（4）持续开展与产业开发相适应的藏药材保护和培育

藏药材资源有效保护和合理开发利用是藏医药产业绿色、可持续发展的前提。国家和地方政府应组织专业队伍开展系统的藏药材资源普查，建立藏药材资源分布的数据库，并加快种质资源库的建设。同时还要在野生药用动植物资源分布比较集中的区域建设保护区，维护生物多样性和生态平衡。

在鼓励产业发展的同时，当地政府应尽快制定藏药材资源保护、开发的策略及规划，出台藏药材资源保护的相关条例和资源分级目录，引导藏药材资源的开发与合理利用[2]。针对青藏高原生态脆弱的环境特点，本着"用大留小"原则，建立"轮采"和"野生抚育"相结合的藏药材开发模式。对于再生能力强、资源较丰富、以枝叶花果入药的药材资源加大利用力度。对于濒危、珍稀药材，在市场交易方面限制使用范围和交易数量[2]。为保障藏药材的可持续供应，政府还要组织建设大宗特色藏药材生产基地，开展藏药材规范化种植，并组织企业和科研院所的专业力量开展珍稀、濒危藏药材的繁育和野生抚育研究。

（5）建立知识交流的"场"和可共享的知识库

藏药产业地域分散，企业与企业、企业与科研单位、不同区域科研单位之间沟通交流少，而且由于语言的原因，内地的科研人员很难参与藏医之间的学术交流。政府和行业协会应该推动知识"场"的建设，通过设立跨区域、跨领域的课题合作或者学术交流会议鼓励不同单位之间、不同区域之间、藏医和中医西医之间的深入地互动和交流。

政府要重视藏、汉、英知识库的建设，将沉积在藏文著作中的知识通过翻译和数字化，变成可以共享的知识资产。另外，可以借鉴国际上的通行做法，对于这类传统知识资产的开发和利用设立"惠益共享"机制，从而推动藏医药知识的活化和转化。

（6）建立国家级藏医药研究中心

当前藏药产业已经建有国家级的企业技术中心、国家级藏药新药开发实验室和国家级的技术创新平台，对整个产业的创新起到了技术引领作用。但是由于藏药产业基础研究薄弱，企业普遍研究能力有限。为解决行业共性的知识转化难题，应该集五省藏区的藏医药专家之智慧、集国家和地方政府的财力物力于一体，成立国家级藏医药研究中心。研究中心一方面负责藏医药传统知识的传承和整理，另一方面与国内外的科研院所协作，开展藏医药传统知识的基础研究和应用研究。

5.2 加强产业创新，巩固产业竞争优势

5.2.1 藏药产业创新的策略

除了上一章所述的通过知识创新来带动藏药产业创新的策略外，藏药产业创新还要注意如下几个方面：

（1）渐进式创新是藏药产业技术创新的必然选择

通过第四章藏药产业的特点分析可以看出，藏药产业具备中低技术产业的特点，渐进式创新是近期内藏药产业创新的必然选择，高风险、高投入、高回报的天然药物创新模式对当前的藏药行业来说并不完全适合，因为后者需要庞大的技术团队、先进的研究技术和巨大的财力支撑才可能实现。

（2）基于产业基础和创新能力选择适合的产品创新方向

从客户价值和创新难度来看，传统药物创新可以分为如下4个层次[3]，如图5-1所示：

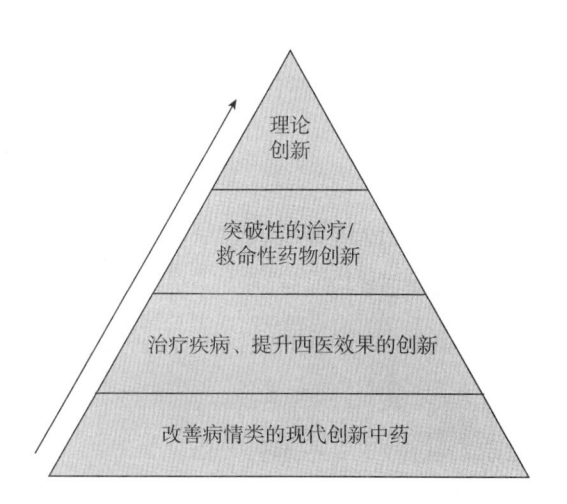

图 5-1 传统药物创新的不同层次
Fig 5-1 Different levels of traditional medicine innovation

1）原创理论突破带动下的集群式药物创新，如中医伤寒、温病、血瘀证的理论创新和系列方剂的发明。

2）突破性的治疗性/救命性药物的研发，如复方黄黛片、青蒿素等。

3）治疗疾病、提升现有治疗方案疗效的创新，如参松养心胶囊、大建中汤颗粒等。

4）改善病情类的现代中药，如阿胶制剂、复方丹参制剂等。

藏医药产品创新应该依托藏医药的体系化知识优势和3800多年的实践经验，优选"治疗疾病"的方向进行药物开发。当然，传统药物的药效往往比较温和、效价不高但安全性好，通过差异化的临床定位来满足改善病情的目标，也是可行的方向，例如肿瘤患者化疗导致的末梢神经炎等，在肿瘤临床治疗中有强烈的需求，目前有效的药物比较缺乏，也可以成为藏药在神经系统疾病领域努力的方向。

（3）创新要关注利益相关方的需求

药品首先要有高临床价值才能满足患者、医生以及医保部门的需求。当前医药市场面临一方面高端创新药品供给不足但低端仿制药品、价值不清的药品供应过剩的[4]的窘境。与现有的临床治疗措施比较，如果一个药能够填补某些细分领域的药物治疗空白，或能够明显超过现有治疗方法的疗效，该药才能被认为具有较高的临床价值[5]。

由于藏药生态位[6]要低于中药、化学药、生物药，临床应用时又存在一定的知识壁垒，因此要提升藏药的竞争力，除了聚焦藏药差异化的优势之外，还要考虑如何通过创新更好地提升顾客价值、满足医疗服务方和医疗支付方的需求。创新只有对医疗服务方和支付方都能产生实质影响，才能提升药品供应方在与医疗服务方和医疗支付方博弈时的地位。藏药的创新不仅要能够提升临床疗效，还要能增加患者在新的医疗模式下的获得感，降低医疗成本，增加医疗服务方的收入和减少支付方的支出，减轻临床诊疗的劳动强度，增加医疗服务方的经营效率等。

（4）重视藏医药特色健康产品的开发

基于藏医特色健康智慧与现代医疗市场及大健康市场的结合，当前新医药环境下的藏药产业应该重视如下几个方面的新机会：

1）适合基层医疗机构慢性病防治产品和适宜技术的研发，尤其是心脑血管病、神经退行性病等慢性疾病的藏医康复、保健产品和技术。

2）充分利用人工智能技术在中医"治未病"健康管理领域的进展，开发藏医智能诊疗系统，助力藏药合理使用。

3）适合居家养生康复的藏药产品及适应技术配套设备。

4）适合老年康养、健康旅游产业的相关产业配套的藏医特色产品和设备。

5）药食同源类特色藏药材的野生抚育及相关功能性产品。

6）适合电商渠道的针对现代生活方式的有藏药元素的健康养护型产品。

7）借鉴国外天然健康品的技术对现有藏药保健品进行迭代升级。

（5）政、医、企、学、研协同创新

1）汇集各方资源，开展协同创新。充分利用政府、医疗体系、企业、科研院所在全国各地的创新资源，聚焦藏医特色技术和理论以及藏药的优势领域，开展基础研究和应用研究。藏药产业的技术创新和知识创新要充分利用医药行业国内外现有的技术和人力资源，充分利用中央和地方的研究资金，如可以利用国家和地方科技项目联合区内外科研单位合作研究，可以利用各地方援藏的资金和技术力量开展协作，也可以由产业发起形成跨区域的研、产、学合作。总之要形成跨区域、跨领域、多维交叉的合作网络，以藏医药的优势知识资源为创新源头，走协同创新的道路。

2）医药结合的课题攻关。建立"以医为引"的藏医药协同创新平台，充分发挥医疗机构在临床需求洞察、科研组织与实施、医药成果转化应用中的核心作用，发挥产业在技术引进和吸收、基础研究与应用研究的有效对接以及技术产品化、商业化、产业化方面的关键作用，在藏医药特色诊疗技术的现代化、特色诊疗设备开发、重大疾病的药物筛选、藏西结合的突发病和疑难病治疗等方面共同开展研究。

3）针对产业瓶颈性问题协同攻关。集中政府和产业的财力和人力资源，针对制约藏药产业现代化的资源保障、工艺改进、新药开发、优势品种培育等瓶颈性问题，以政府支持与产业、科研院所自筹相结合的形式有步骤、有重点地设立行业专项，政、研、产、学协同攻关。技术攻关项目的支持重点要从高校、科研院所牵头向研发能力强的企业牵头转移，从以前的多、小、散的科研方式向集中委托攻关的方式转变。

5.2.2 通过知识创新提升已上市产品的临床价值

当前促进藏药产业发展见效最快的创新路径就是针对有一定潜在治疗优势的藏药品种进行老药的二次开发，重点从效果不理想的西药或中药的产品代替，或者填补内地治疗市场空白的方向去努力。以藏药不可替代的临床价值研究为核心，同时对药材资源种植、质量标准提升、制剂工艺优化、安全性评价等做系统的基础性研究。二次开发是一种中等投入、低风险的活动，考虑到二次开发很难有突破性的成果，因此是中低收益的活动。

（1）以临床价值研究为核心的藏药二次开发

藏药二次开发，就是为了更好地满足医药市场监管和临床治疗需求，对已经获批上市的藏成药应用现代医药技术方法再次进行知识创新和产品优化的过程[7]。藏药二次开发的核心是在药物的质量标准和说明书均已经固定的前提下，通过知识转化与知识创新明晰藏药在现实诊疗环境下的治疗优势，彰显药物的临床必需性、有效性、安全性和经济性，是一个通过医学研究方法对药物进行临床定位塑造以及临床价值挖掘和提升的过程，是一个将藏医传统的治疗知识逐步转化为现代医学的临床治疗价值的知识转化过程。

（2）藏药二次开发的医学转化流程

藏药二次开发的最终成果，就是明确待研究药物的临床治疗优势并使其获得中西医生的接受和认同。因此基于临床需求的价值定位、将藏医药知识的藏西转化和藏中转化、适合藏药特点的评价方法学就变得极为关键[7]。二次开发的医学转化流程如图5-2所示。

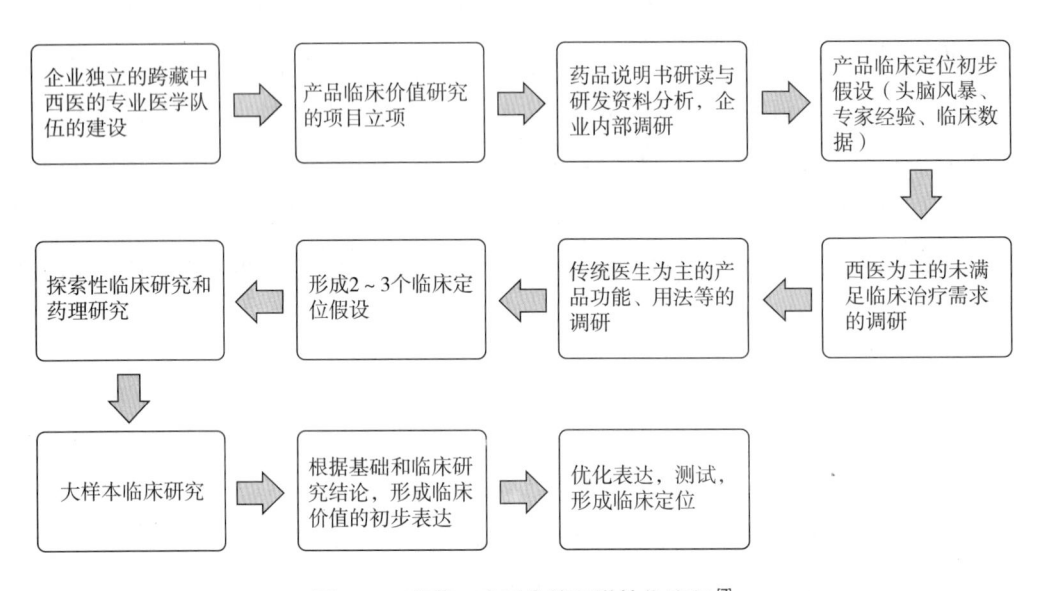

图 5-2　藏药二次开发的医学转化流程 [7]

Fig 5-2　Medical transformation process of secondary development of Tibetan Medicine

1）说明书解读：由于大部分藏药的说明书藏、中、西医术语混杂，表述比较晦涩难懂，疾病治疗领域跨度极大，藏药可供参考的现代研究数据又极少，这就使得说明书的解读困难异常，因此需要具备藏、中、西医的知识储备的医学团队才能初步解读。

2）专家调研：通过说明书解读大致了解药物的可能作用方向之后，为进一步清晰药物的可能临床定位，藏、西医专家的咨询调研就变得非常重要。调研的过程也是将藏医既往用药经验、现代医学的疾病诊疗认知、现代临床未被满足的治疗需求等要素进行不断地解构、组合和聚焦的过程。

3）临床定位假设：临床定位假设要立足于对药物的可能作用方向和作用效果的判断，以及对疾病适应证乃至疾病不同阶段药物治疗需求的分析。

首先，总结该药治疗范围都涵盖哪些现代疾病以及该药对这些疾病可能的效果。这是一个非常复杂的医学转化过程，要充分理解不规范的说明书表述之中的藏、中、西医学术语间的逻辑关系，以及说明书涉及的具体现代疾病、相应的疾病阶段，这个过程非常依赖藏医的知识转化和传递，尤其是关于该药临床使用的经验。

其次，根据这些现代疾病或者疾病阶段对药物干预的需求及其治疗满足程度来选择藏药合适的定位假设。首选已有药物干预习惯但现有药物仍不能满足治疗需求的细分领域进行临床定位，其次才选择没有药物干预习惯但有强烈治疗需求的"蓝海"领域进行定位[7]。

产品的临床定位假设还要充分考虑藏药产业学术推广能力不高的现实，以及藏、西医学之间的"知识断层"和填平这一断层需要的大量的基础与临床研究，因此在藏药的价值定位上不宜为了追求差异性而太脱离当前主流的认知。

4）开展临床研究：如图 5-3 所示，藏药临床价值研究根据产品研究的成熟度不同又可以依次分为临床价值挖掘性研究、临床价值确证性研究和临床价值提升性研究 3 个不同阶段。其中，藏药临床价值挖掘性研究一般包括药理毒理试验、真实世界观察、探索性临床试验等，属于最基础的阶段。临床价值确证性研究包括多中心大样本随机对照研究、药物经济学研究、Meta 分析等，这个阶段的研究对于产品获得临床医生的认可非常关键，能够突显藏药临床治疗优势的大样本研究是这个阶段的重点。产品价值提升性研究包括优化用药的研究、安全性提升的研究、特殊人群的研究、新领域和新价值的研究等[7]。藏药临床价值研究的成功，依赖于对产品传统治疗价值的清晰认识，以及企业对学术研究的积极投入和持续不断的探索，还要靠研究人员求真、务实、创新的精神。

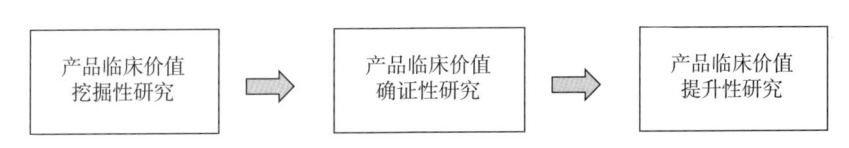

图 5-3　产品临床价值研究的 3 个阶段[7]

Fig 5-3　Three stages of product clinical value research

（3）当前藏药二次开发的关键点

当前，藏药临床研究的难度较以往急剧增加，主要表现在临床研究合作单位少、对临床研究质量的要求提升、产业从事藏医药相关医学工作的人员严重不足、研究费用急剧上涨等方面。因此，当前藏药二次开发必须密切关注医改环境下医疗服务提供方（医院）和支付方（医保）对药物的需求变化，聚焦于将藏药的治疗优势转化为西医和中医必需的治疗手段的目的，优化有限的人力和财力资源的分配和利用。

为此，藏药产业必须要：

1）重视医学尤其是临床医学人才的培养和引进。[7] 通晓藏医和西医的跨学科优秀人才是开展藏西医学转化的关键，藏药产业迫切需要加大藏西医结合临床人才的培育力度。

由于这类人才培养的长周期性，可以充分利用内地丰富的人力资源，增加对有经验的医学专业人员的引进，吸引其投身到藏医药工作中，从而缩短人才的培养周期[7]。将藏族学员送到内地接受现代医学教育，再利用其语言和文化优势进行藏医学习也是一个行之有效的方法。

2）提升药物临床价值研究的质量。传统药物临床研究的重心正在由既往的证实药物的临床价值向证实药物的不可替代性和临床治疗优势转移，唯有有治疗优势、经济性好、临床必需的药品才能获得医保支付方和医疗服务方的认同。同时还要重视评价方法学研究，积极借鉴先进的评价技术，开发出能凸显藏药特点的有国际共识的研究方法，推动国内外对藏药临床价值研究结果的认可[7]。

3）与藏医医院合作建立药物研究基地。这种合作基地不仅会成为藏药传统治疗知识转化的场所，成为企业与医院交流对话的"场"，而且会成为基于人用经验的藏药新药开发的源泉。当然，由于管理体制、理念等原因，在藏区如何建设起这种合作基地并使之实质运行还有待在实践中逐步探索。

5.2.3 基于知识创新的"类原始创新药物"研发

从传统医药创新的演化过程来看，传统医药创新的关键并非在于新药、新制剂的创新，而在于临床知识的传承和转化，在于医理和临床实践创新，以及既有药物新的使用方法的创新。

（1）传统知识的转化是藏药新药创制的基础

藏药新药的创新如图5-4所示，随着对药物成分和作用原理的要求增高，创新的药学技术复杂度逐步上升，但需要依赖的传统医药的知识经验却越来越少；相反，基于传统知识的新药创新会重视传统知识的传承和转化，以及与现代医药学的融合，相对于现代藏药产业偏低的创新能力来说，更适合开展基于传统医药知识的"类原始创新"。

"类原始创新"就是指基于传统医学知识转化的新药创新，由于这些治疗知识在当前的藏医还在使用或者在藏医典籍中已有明确记载，并非突破性的、全新的、原始的创新，但创新成果又是首次出现的全国的医药市场，所以称为"类原始创新"。这是一种发挥产业上游知识资源和特色药物资源的优势，实现高速度、低风险、高价值的新品产出的药物创新模式。

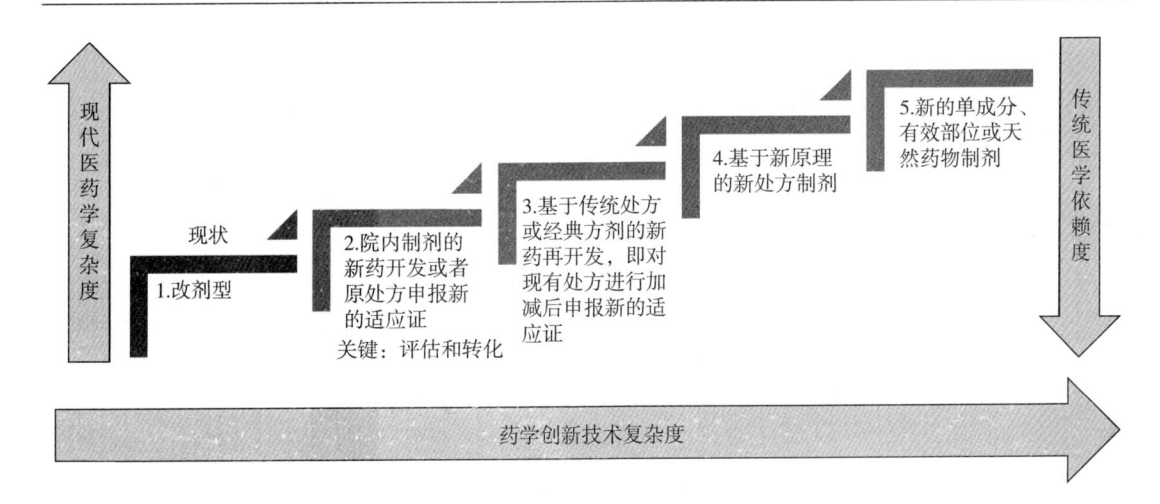

图 5-4 不同藏药新药开发模式与创新技术复杂度和传统医学依赖度的关系
Fig 5-4　The relationship between the development mode of new Tibetan medicine and the complexity of innovative technology and dependence of traditional medicine

（2）藏药新药创制的特点

众所周知，无论是现代药还是传统药，新药创制都是包含诸多环节的系统工程，在其价值链上的各个环节都有各自的价值贡献，最终的价值产出是新药的上市[8]。这个过程中，以药品为载体，新药临床价值在药品创制过程中不断被清晰化，并最终在医生和患者对药品的合理使用中得到实现。因此新药临床价值的实现是一个知识的获取、共享、创造、应用和输出的知识传递过程[9]。藏药新药创制就是在保持藏医药优势和特色的基础上，将藏医药知识不断进行转化和传递，最终以同现代医药知识融合的方式把临床价值体现出来的过程[10]。

（3）藏药新药创制流程

藏药新药研究与开发过程如图 5-5 所示。从某种程度上说，藏药新药的研发始于传统藏医临床诊疗知识的继承和转化，而化学药新药的研发则始于新靶点发现和新化学药分子的创造（图 4-10）。藏药与西药研发的知识源头和开发路径上表现出如此巨大差异，但最终却殊途同归地都要体现出可相互比较的现代医学体系下的临床价值。这种对新药价值的要求就决定了藏药新药研发的知识价值链条的构成，其起点应该是现代临床治疗需求的洞察，然后经过藏医临床用药经验不断转化和藏药与西医结合反复知识螺旋，最终将传统知识和原药材转变为具有现代临床应用价值的藏药新药。这种西医—藏医—西医的跨医药学体系的知识转化方式，就成为藏药新药创制的突出特点[10]。

从发现未被满足的治疗需求到组方的成药前景判断属于药品研究阶段，从新药中试、药效毒理、临床研究到新药批准上市属于药品开发阶段。化学药研发要通过体外到体内、动物到人体的逐步实验过渡和桥接，而藏药新药研发的重点则是要完成从传统医学体系下的价值评估过渡到现代医学体系下的价值评估。藏药新药研发最终产出两个成果,一个是可以上市流通的可交换的实体的药品,另一个是附载在实体药品之上的临床价值[10]。因此,藏药新药创制的过程就是以待开发药物为载体,在新药研究与开发业务流程的各个环节,不断进行藏医经验、制剂工艺、质量研究、药理、毒理、临床等各种知识的融合和创新,最终将其变成一个可上市的有高临床治疗价值的新药的过程[10]。

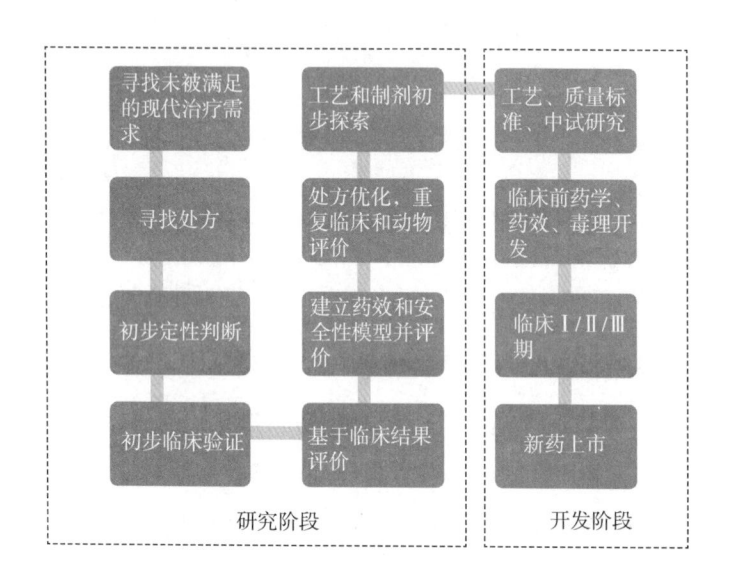

图 5-5 藏药新药研发流程[10]

Fig 5-5　Research and development process of new Tibetan Medicine

（4）新药创制过程中的临床预试验前置

很多传统药物在进入临床研究阶段之后,为了寻找合适的现代临床适应证,在Ⅱ期不断进行方向的探索。而一旦临床方向与原来非临床研究的内容相距太大,需要补做很多的临床前工作才能继续前行,从而导致临床研究的进度大大延迟；有时甚至由于临床前和临床结果差异太大,而被迫放弃药物的研究。为了避免新药上市过程中反复寻找药物作用方向的问题,需要将藏西医结合模式的临床预试验前置,即在项目的研究阶段就能对药物针对的藏医疾病特点（甚至包括中医疾病特点）和现代医学疾病特点以及可能的效果和安全性都有相对明晰的预判,才可以进入正式开发阶段[10]。

（5）藏药新药创制的知识价值链

根据图 5-5 的藏药新药创制流程,新药创制涉及的活动很多,有知识链角度的知识输入、知识活动和知识输出,有研发流程角度的需求洞察、新药研究、新药开发和新药上市,有从价值链角度的主要活动和辅助活动[10]。总的来说,可以将藏药新药创制的知识价值链表述为:

在财务、采购等辅助部门的支持下,药品研发部门将市场需求、藏医临床经验、资源研究等信息和专业技术进行输入,如图5-6所示,通过临床前研究、临床研究等研究和开发方法(图5-7),不断进行知识转化和技术创新,将藏药的知识资源转化为可以为西医医生接受的临床价值,将藏药药材通过知识物化转变成为可以上市流通的成药(图5-8),同时使得技术和知识资料得以留存,知识量得到增加,知识得以增值(图5-9)[10]。

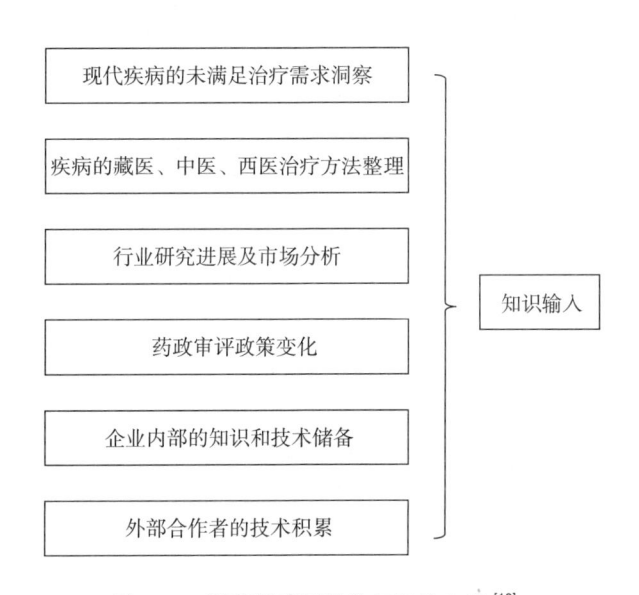

图 5-6 藏药新药开发的知识输入端 [10]

Fig 5-6　Knowledge input of new Tibetan medicine development

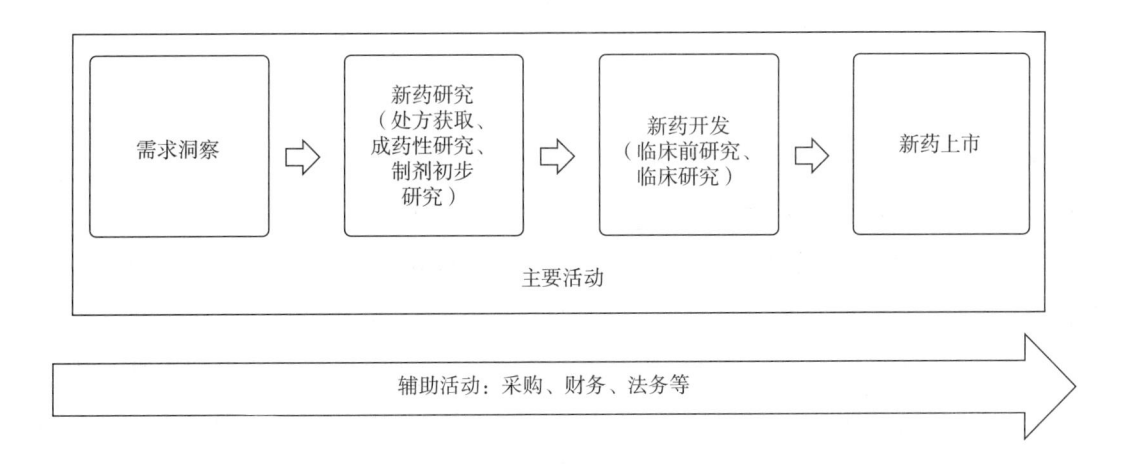

图 5-7 藏药新药研发的价值链活动 [10]

Fig 5-7　Value chain activities of new Tibetan medicine R&D

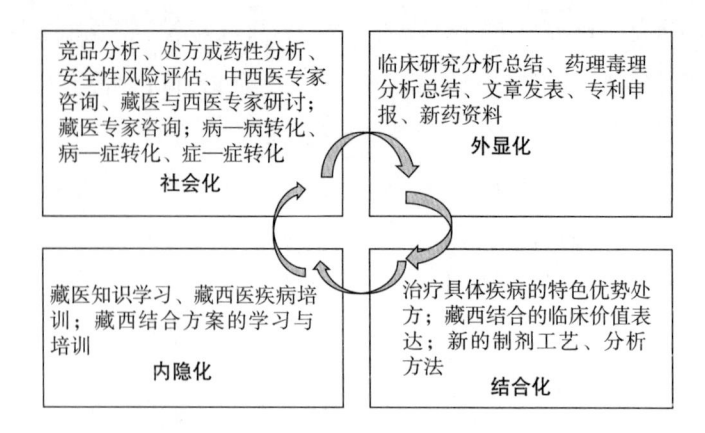

竞品分析、处方成药性分析、安全性风险评估、中西医专家咨询、藏医与西医专家研讨；藏医专家咨询；病—病转化、病—症转化、症—症转化
社会化

临床研究分析总结、药理毒理分析总结、文章发表、专利申报、新药资料
外显化

藏医知识学习、藏西医疾病培训；藏西结合方案的学习与培训
内隐化

治疗具体疾病的特色优势处方；藏西结合的临床价值表达；新的制剂工艺、分析方法
结合化

图 5-8 藏药新药开发过程中的知识活动[10]

Fig 5-8 Knowledge activities in the development of new Tibetan Medicine

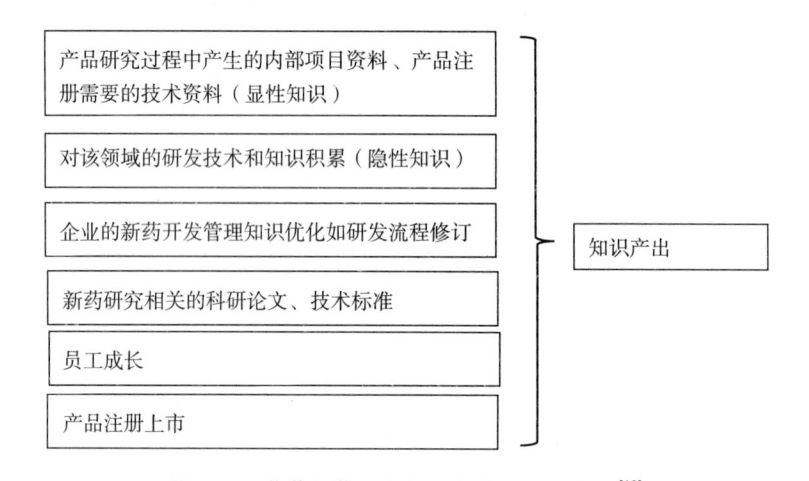

产品研究过程中产生的内部项目资料、产品注册需要的技术资料（显性知识）

对该领域的研发技术和知识积累（隐性知识）

企业的新药开发管理知识优化如研发流程修订

新药研究相关的科研论文、技术标准

员工成长

产品注册上市

} 知识产出

图 5-9 藏药新药研究与开发的多元化产出[10]

Fig 5-9 Diversified output of new Tibetan drug research and development

（6）藏药新药研发亟需一些策略上的转变

藏药产业虽然拥有独特优势的藏药资源和知识资源，但由于同时存在产业规模小、创新能力差、技术基础弱、知识壁垒高等生产要素的劣势。藏药新药研发必须充分发挥优势、弥补短板，聚焦主流客户群体的临床治疗需求，不断加强知识产出（论文、专利、技术资料、创新制度等），壮大医学转化人才队伍，才能最终实现高成功率的藏药新药开发[10]。

实现这种研发策略，藏药产业还需要做如下转变：①从重视产品开发和注册申报向重视研究转变。②从重视药物的有效性向不可替代性和临床必需性转变。③从重视制剂技术改进向重视评价方法学转变。

总之，有较高临床必需性的藏药新药的开发是提升藏药产业竞争优势、助力藏药产业持续发展的必由之路。将藏医的知识和经验转化为现代医生需要的高临床价值的产品，是在藏药产业创新能力偏弱的现实背景下，将知识创新和渐进式技术创新相结合的一种风险低、成本小、速度快的可行的藏药新药研发模式。

5.2.4 外治类产品技术创新

药学创新是藏药产业的主要创新路径，但不是唯一路径，尤其是对于外治优势明显的藏医药来说，医疗技术的现代转化也是藏药产业应该关注的创新模式。对于药物疗效不明显的慢性病领域，可以结合当前诊疗实际或临床路径，选择其他有效方式进行开发。可将藏医效果肯定的治疗设施开发成可以与中西医治疗手段合用的器具，或者开发成智能型藏医医疗设备，最终通过传统特色治疗技术的规范化和产品化，助推基础医疗机构和诊所的特色服务。

从研发的投入产出来看，基于藏医成熟治疗技术进行知识转化和技术创新的模式是一种中等投入、低风险、中等产出的开发模式，目的是以传统医疗技术作为藏药产品的附加价值，提升藏药的使用价值、体验价值和文化价值。

（1）藏医外治技术的知识转化和技术创新过程

这种基于传统知识转化和渐进性技术创新的开发模式主要包括如下3个核心步骤，即：①传统特色治疗方案标准化（口服、外用、饮食、起居）；②藏医特色适宜治疗技术（如涂擦、药浴等）的规范化、现代化；③将传统有效的治疗技术通过创新改良成方便现代临床使用的新产品。

所以，这个知识和技术创新的过程就是在明确内地医疗和患者需求的基础上，将传统藏医药外治方法借助现代技术转换为需求方可接受的创新外治疗法的过程。

（2）外治类产品开发的主要目标——基层医疗和非医疗场所

由于基层医疗市场将引流更多的病患，带动更多中医诊疗的需求，因此基层也是当前中医类新技术设备的主要目的地。同时，随着人口逐渐老龄化，个人支付能力提升以及公众对中医保健、理疗、养生的大众认知度逐步提高，随着国家鼓励器械创新的政策引导，家用设备市场必将出现快速的扩容，因此基层医疗和非医疗场所的需求就成为藏医传统外治的主要创新目标。

1）针对基层医疗机构市场：以满足医院和患者的需求为目标，要充分考虑内地与藏区在医院诊疗环境和患者群体上的差异。新产品除了要关注疗效以外，还要具备如下特点：操作简便、安全、效益高、易于医保支付，既突出藏医药特色，又易于被内地医院和患者接受。为调动医生使用的意愿和患者就医的依从性，需考虑与当前医疗技术收费目录兼容的问题。内地医疗收费目录不包含藏医外治项目，但包含中医外治项目。因此，在发掘外治法业务范围时，需充分考虑藏医外治法中与中医外治法相似的疗法，以便于医疗机构的费用收取和可能的医保支付。

2）针对非医疗机构渠道：在中藏医外治疗法的基础上，兼顾外治技术家用化，或根据不同渠道的特点如电商、连锁药店、养生馆等的具体要求开发具有藏医特色的外治疗法和（或）外治产品。

（3）藏医外治新产品的开发需求分析

基于对基层医疗以及家用养生康复市场的需求分析，汇总对中藏医外治法相关的设备和配套含药产品的开发需求，见表5-1。

（4）开发模式一——已有现代医疗器械基础上的改型

此类产品技术成熟度高、新品开发难度低。由于国内外市场上已经有取得上市准入资质（注册证或备案凭证）的产品，企业可以从满足差异化、适宜化需求的角度，对成熟产品的结构、性能等在合规前提下做出适度、合理的改型。此类产品的创新点是将现有外用药与已上市器械产品组合形成差异化的疗法，以此来带动藏药治疗效果提升以及藏药外治法的推广。

如表5-2所示，此类产品可用于藏药浴、藏医罨熨、热熨等设备开发。

（5）开发模式二——藏医医疗器械的改良性开发

此类产品整体技术成熟度和难度适中，更符合藏医药特色，具备一定的差异化和创新性。主要开发内容为针对临床应用效果良好的传统外治适宜疗法（技术），通过现代技术转化为标准化的新产品（包）。此类产品（包）以器械开发和药物开发为主，其中配套药物优先考虑非药准字号产品或院内制剂、中药饮片复方等路径，这种方式产业化更快捷，待积累足够的临床数据后再开始新药开发。

以藏药浴疗法——五味甘露缚浴疗法设计为例：

缚浴，是用水调和藏药，用薄布包好，捆敷患处的一种藏医药浴疗法[11]。缚浴也能起到药浴的作用，但比药水浴、药汽浴更简便易行。3种藏药浴配套器械对比见表5-3。

缚浴新品的设计目标：

可穿戴式缚套＋浸润五味甘露药液/载药多孔材料或凝胶＋发热装置，缚敷于使用部位，治疗时间20～30分钟。

技术要点：①升温时间快。②治疗温度可调且稳定。③产品满足柔顺、轻便需求，可穿戴于四肢、舒适性好。④可采用低电压、轻量锂电池作为能量源，满足持续工作时间不低于1小时的需求。⑤缚套具有良好的生物性能和吸收药液的功能，可结合用药量选取相应的吸水材料。⑥缚套具有多向弹力、穿戴舒适。⑦考虑添加脉冲按压功能。

表 5-1 藏医外治产品开发需求总结

Tab 5-1 Summary of development needs of Tibetan medicine external treatment products

外治疗法		使用药物	现代配套器械	医疗服务目录条目	适用疾病	现有产品改进方向	产品分类
藏药浴疗法（类似中医药浴、熏洗）	水浴	五味甘露、五根散、中药复方汤剂	水浴设备	熏洗治疗、水疗	用于各种皮肤病、风湿、类风湿关节炎、痛风、偏瘫、妇女产后疾病、软组织损伤等	防药液污染器具，药浴器具自动化操作。非药准字号洽粉开发	外治器械+现有外用药
	蒸汽浴		熏蒸床、熏蒸舱、熏蒸仪	熏洗治疗、蒸汽浴治疗、水疗		温度控制和疗效均衡。非药准字号洽粉粉的开发	
	缚浴		热敷包器械+束缚耗材	热奄包治疗、封包治疗、湿包裹		居家小型化，局部水凝胶电热一体非药洽粉类产品	
藏医头浴治疗法		特色外用藏药	头浴治疗设备	熏洗疗法、蒸汽浴治疗	脑梗、失眠、神经性疼痛	设备现代化，智能化；药物的制剂备案。药物配方开发	外治器械+待开发外用药
中药熏洗		中药复方	普通浴盆	中药熏洗	痔疮、妇科炎症	使用便利性	外治器械（或工业号）+待开发外用药

续表

外治疗法		使用药物	现代配套器械	医疗服务目录条目	适用疾病	现有产品改进方向	产品分类
藏医罨熨疗法（类似中医冷罨、贴敷疗法）	中医贴敷法	成药、三伏贴、中药发泡	纱布、胶布	三伏贴、穴位贴敷	感冒、支气管炎、胃肠炎、痔疮、各种杂病、儿童感冒后咳嗽	效果偏弱、起效慢、安全性和有效性问题；贴敷配方的安全性和有效性问题；可尝试非药字号路径产业化（医用冷敷贴、冷敷凝胶等）	非药字号外用制剂
	中药溻渍	院内制剂、中药复方煎液	纱布	中药溻渍	皮炎、银屑病	使用不便，可尝试非药字号准字号路径产业化（医用冷敷贴、冷敷凝胶等）	非药号外用制剂
	中药封包法	院内制剂、中药复方煎液	纱布	中药封包法	银屑病、疼痛	使用不便，可尝试非药字号准字号路径产业化（医用冷敷贴、冷敷凝胶等）	非药号外用制剂
	冷罨法	青鹏软膏、冰黄肤乐、绿豆洗剂等藏药	具有冷敷功能的器械（如冷湿敷绷带）	冷罨包、冷疗	儿童湿疹	湿敷绷带	器械 + 现有外用药
热熨法		藏药白脉擦剂、消痛软膏、贴膏及其他适用的外用藏药	湿热敷装置、电热蜡疗包、热贴、热振颤治疗仪 + 耗材、超声波治疗仪等设备	热奄包治疗、隔物灸治疗、熨烫治疗、贴敷治疗、电热蜡治疗、超声治疗	肩周炎、腰肌劳损、落枕、关节炎	便捷、效果强而快	器械（或工业号）+ 现有外用药（或待开发外用药）
		藏药研磨外用	发热贴	热奄包治疗、隔物灸治疗、熨烫治疗、贴敷治疗	宫寒、痛经	方便使用、效果增强、节省人工	器械 + 现有外用药

续表

外治疗法		使用药物	现代配套器械	医疗服务目录条目	适用疾病	现有产品改进方向	产品分类
热熨法		白脉擦剂、消痛贴膏	TDP、湿热敷、蜡疗等	急性腰扭伤推拿治疗，腰椎间盘突出症推拿治疗，热奄包治疗，熨烫治疗，贴敷治疗，内科，妇科疾病推拿治疗；TDP	肩周炎、腰肌劳损、关节炎、坐骨神经痛、颈椎病等	提升给药效果	器械（或消毒设备）+现有外用药
		中药复方或院内制剂	场效应治疗仪、离子导入、中药透药仪、TTS等	热奄包治疗，熨烫治疗，贴敷治疗，内科，妇科疾病推拿治疗；TDP	肩周炎、腰肌劳损、关节炎、坐骨神经痛、颈椎病等	给药效果提升、新的超声、促渗治疗仪	器械+待开发外用制剂
藏医涂擦疗法	藏医涂擦疗法	白脉擦剂、消痛贴膏及其他外用藏药（口服药研末涂擦）	TPD灯、人工	急性腰扭伤推拿治疗，腰椎间盘突出症推拿治疗，热奄包治疗，熨烫治疗，贴敷治疗，内科，妇科疾病推拿治疗；膏摩	功能主治需结合具体外用藏药和涂擦部位而定	提升便利性和节省人工，增加效果；智能涂擦仪	器械+现有外用药

续表

外治疗法		使用药物	现代配套器械	医疗服务目录条目	适用疾病	现有产品改进方向	产品分类
藏医火灸疗法	霍尔麦疗法	特色外用藏药	热疗类器械	隔物灸疗、热电包治疗、熨烫治疗、涂擦治疗等	失眠、抑郁症	简便操作方法、节省人工；热疗穴位贴	器械+外用制剂
	格灸疗法	外用藏药	热疗类器械	隔物灸疗、热电包治疗、熨烫治疗等	脑出血	安全性、便利性、热疗穴位贴	器械+外用制剂
藏医艾灸疗法（中医灸疗）	灸法	外用藏药、艾叶、精油、发热贴	智能灸疗仪、穴位热疗设备等	艾条灸疗法、直接灸疗法、隔物灸疗法、温灸器灸疗法等	疼痛、保健、妇科寒性疾病、消化系统疾病	无烟、温度控制、节省人工；便利、智能艾灸仪	器械+艾灸
藏医金针法/中医针刺法	针法	艾条	电针、温针、光针	针灸/穴位疗法	脑卒中、疼痛	对医生依赖性高。经皮穴位（经络）电刺激仪	器械（或工业号）
藏医/中医推拿	推拿	软膏、按摩乳等	智能按摩仪、低频电刺激仪	按部位推拿：腰椎间盘突出症、急性腰扭伤、肩周炎、关节炎、胃脘痛、经等推拿手法治疗	肩周炎、颈椎病、腰椎间盘突出症、腰肌劳损等	对医生依赖性高。经皮穴位（经络）电刺激仪	器械（或工业号）

表 5-2 现有外用药与已上市器械联合疗法

Tab 5-2 Combination therapy of existing external drugs and listed devices

疗法	现有药物	器械
藏药浴疗法（中药熏洗）	五味甘露浴粉、五根散等	水浴器械，熏蒸仪、熏蒸床、熏蒸舱
藏医罨熨疗法（中医冷罨、贴敷疗法）	青鹏软膏、棘豆洗剂	湿敷绷带（多向弹力、吸水锁水性佳）
热熨疗法	白脉软膏、五味麝香丸（研磨外用）、消痛贴膏、雪山金罗汉涂膜剂	湿热敷装置、热疗贴、电热蜡疗包、磁振热

表 5-3 3种藏药浴配套器械对比分析

Tab 5-3 Comparative analysis of three kinds of matching instruments for Tibetan medicine baths

藏药浴疗法	配套设备	优点	缺点
药水浴	浴缸或浴桶	适用于全身或局部封闭治疗	用水量大，对治疗场所要求高，需提供更衣和淋浴条件；老年人居家使用不便利
药气浴	熏蒸床、熏蒸舱	适用于全身或局部封闭治疗，相对药水浴节省用水量，内置淋浴头，降低治疗成本	设备体积大，占用空间大，需提供更衣条件
药气浴	熏蒸仪	用水量小，设备体积较小、占用空间小，治疗成本低	开放式治疗，污染室内空气，疗效降低
缚浴	热缚浴设备	封闭式治疗确保疗效稳定、低异味；设备体积小、占用空间小、用水量少、治疗成本低；不需要患者更衣，使用方法简便易行；量产成本低	

（6）开发模式三——基于前沿技术、新医学理论的创新产品开发

此类产品整体技术成熟度低、开发难度大，与同类产品相比有显著改进，具有较高的创新度，产品开发投入大且周期长，但技术壁垒高。此类产品可申请创新医疗器械，示例如下（表5-4）。

表 5-4 创新器械产品示例
Tab 5-4　Innovative device products examples

疗法	可配合药物	器械
藏医艾灸疗法/ （中医艾灸疗法）	含藏药灸条	智能灸疗仪（医用）
藏医涂擦疗法	外用软膏类藏药	智能涂擦仪（医用）

1）智能涂擦仪设计示例：为实现藏药涂擦智能化，设计一款智能涂擦仪与外用药配合使用，在节省人力的同时，使外用药涂擦标准化，以期达到更好的治疗效果。智能涂擦仪主要由 3D 视觉指引、机械手臂、涂擦手掌、主机（控制面板、主板、数据处理）组成。

2）智能灸疗仪设计示例：在临床医生和护士人力普遍受限的情况下，通过标准的、智能化的智能灸疗仪，将原来有效的特色灸疗技术规范、标准、安全、高效地操作，实现传统技术的转化和提升，为传统技术的大规模推广奠定基础。智能灸疗仪设备将致力于解决如下几个难题：①温度持续在 60℃ 且上下波动范围不超过 0.5℃ 的技术难题。②皮肤灼伤保护智能调节系统。③智能选穴、选经和施术自动控制功能。④艾灸无烟处理。⑤施术方案的标准化和规范化与艾灸头的灵活性相结合。

（7）不同类别的外用新产品开发难度对比总结

从上述分析可以看出，藏医外治适宜技术创新范围非常广，既有传统知识的转化和现代成熟技术的组合，又有新技术、新材料的引入，创新过程涉及适宜技术的标准化、规范化和多类新产品的技术开发，如器械、药品和非药品等开发。由于不同的产品开发路径和开发难度差异很大，需要根据每个企业具体的资源和能力的匹配性来判断是否适合自己。不同类别的产品开发路径总结如下（表 5-5）。

不同的准入路径有各自的优缺点，拟开发的非药类新品可根据产品特点及投放渠道灵活采用不同的准入路径，甚至可以考虑"一品多路"，即同一款产品有不同的身份，以应对多变的市场。

表 5–5　不同类别的新产品开发难度对比

Tab 5–5　Comparison of difficulty of new product development in different categories

产品类别	产品结构、组成特点	研发成本及周期	批量生产成本	审批难度	剂型	销售渠道			
						医疗机构	实体药店	电商平台	养生馆
院内制剂	处方灵活，研制周期批量较小	研制周期短，研发成本低	生产要求较高（向药品生产看齐）。批量较小	审批难度低	按传统方法炮制的丸、散、膏、丹等	○	●	●	●
外用保健用品	可添加中药成分，可调整不同成分的比例。预期用途为调节身体机能、缓解身体不适、促进康复作用	研发成本较低，周期短	生产要求较高（向药品生产看齐），批量较大，生产成本较高适合中低于药品）	注册制，贵州省和吉林省由省卫生和计划生育委员会负责审批，陕西省由省中药监局负责审批。注册周期短	贴剂、膏剂、喷剂、擦剂等外用制剂	●	◎	○	○
医疗器械	原则上不允许添加药理学功效的成分。实际用上市省份的政策有差异，以各种的方式添加了某些功效物质	研发成本低，一类器械周期短，二类器械周期适中	一类器械生产要求较低，二类器械生产要求适中。一类器械批量生产成本适中或较低，二类器械生产成本适中	主要为一类医疗器械，少部分为二类医疗器械。一类器械为备案制，二类器械为注册制。一类器械备案周期极短，二类器械注册周期短	贴剂、膏剂、喷剂、擦剂等外用制剂	○	○	○	○
消字号产品	主要用于消毒抑菌，不得出现或暗示对疾病的治疗效果	研发成本低，周期短	生产要求适中	备案周期短	膏剂、喷剂、精油等	◎	○	○	○
妆字号产品	未经临床功效验证，原则上不允许体现功效（特妆除外）	研发成本低，周期短	生产要求适中	研发成本低，申报周期短	膏剂、精油	●	○	●	○
工业号产品	按摩器具、中药包等	研发成本低，周期短	生产要求低	无需申报	按摩类产品、中药包（足浴包）等	●	●	○	○

备注：1. "○" 表示可以流通，"◎" 表示部分渠道可以流通，"●" 表示不能流通

5.2.5 藏药大众健康领域的创新

藏药产业在大众健康领域的养生产品可以分为药用资源开发的保健食品、功能食品以及藏医保健技术衍生的保健疗法、配套产品和服务。

（1）藏医药相关的大健康品的研发

1）基于藏药材的大健康品开发。藏药产业有很多特色藏药材，例如有增强记忆功能的藏药手掌参（又名旺拉）[12]、具有抗缺氧效果的红景天、有活血作用的藏红花等。当前已经开发上市的含冬虫夏草、红景天、藏红花、余甘子等藏药材的保健品非常多。根据药智网检索的数据，截至 2019 年年底已经获批上市的含上述药材的"食健字"号的产品有 500 多个，产品功能涉及免疫调节、耐缺氧、缓解体力疲劳、延缓衰老等 20 项。这些保健品的组方思路基本都按照中医的理论，并没有将藏医对该类药材的知识经验和藏医关于养生的理念作为处方配伍的依据，仅仅借用了藏药的概念。藏红花、红景天还被广泛用于有藏药概念的护肤品领域，相宜本草、同仁堂健康等知名企业都有面膜、护肤霜等藏红花系列产品问世。由于这些保健食品、化妆品的技术壁垒低，相较而言藏药企业在开发藏药概念的保健品上更具备知识和文化优势，值得尝试。

2）基于藏医药原理的健康品开发。除了基于高原特色的药材之外，藏药特色的保健品研发还可以充分利用藏医对人体生理病理的认识以及药物配伍的相关理论，在国家允许的现行目录中寻找藏中医共用的中药药材进行组方，以保证配方的功效和安全性。例如，藏医调整胃肠道功能的很多药材如肉桂、红花、荜茇以及有安神功能的豆蔻、珍珠等都是常用中药，也在卫生部公布的《药食同源原料目录》或《可用于保健食品的中药材名单》中。藏医常用的治疗便秘的配方"三味诃子散"和治疗失眠的配方"三味豆蔻散"的所有药材就都见于《可用于保健食品的中药材名单》中。这种方法将有助于藏药产业克服准入难题，在现行法规下充分发挥知识创新的力量开发出功效卓著、成本可控的高原特色保健品。

（2）藏药浴在大健康领域的微创新

藏药浴源于藏医的温泉浴，有浓厚的藏文化背景，其中由"草甘露、阳甘露、阴甘露、水甘露、土甘露"5 种主要药物组成的五味甘露浴是当前藏药浴主要的基础配方。藏药浴除了医疗用途之外，对于舒缓疲劳、改善肢体功能、调节机体平衡也有很好的保健作用[13]。

藏药浴是一种综合疗法，其核心要素包括"药、水、热"，还有热敷、按摩等一系列辅助措施，而且其应用过程中还需要能够对消费者诊断并开具对因保健处方的藏医师的指导。这一整体性疗法在当前内地的生活环境下，需要一系列的改良才能方便消费者的自我使用，其中包括药浴用药的改良、辅助加热设备改进、按摩设备开发等。设备改良在上一节的外治类产品的微创新中已有论述，药的改良就相对要复杂的多，涉及到藏药浴的加减、药物的配合和准入资质的问题。当前的饮片管理制度使得藏药浴的处方加减很难实现，而养生保健场所又不能使用治疗药物（五味甘露药浴颗粒是药准字号），非药号的药浴粉、足浴丸的开发有助于解决藏药浴在非医疗场所使用的问题。另外，能够对患者体质进行诊断并开具相应药浴配方的熟练藏医缺乏也是藏药浴推广的限制性瓶颈。目前，智能设备和远程望诊的普及有助于缓解这个医生短缺的问题，将药浴产品大众化和消费品化也能避免必需医生指导使用的问题。总之，藏药浴在当前保健养生领域还需要政府政策的改变、设备的改进或制剂（产品）的改良等才能更顺畅地运行。

5.3 优化政府政策，提升产业竞争优势

5.3.1 推动藏药在国家和地方的市场准入

（1）鼓励藏药在藏区的使用

鼓励藏药在西藏、青海、四川、甘肃、云南五省区藏区的使用，将符合条件的藏医诊疗机构纳入当地的医保定点医疗机构名单，将符合政策规定的藏医药服务技术项目和藏药院内制剂等纳入当地的报销范围。鼓励临床治疗中使用藏药，在报销比例中对藏药予以适当倾斜。鼓励藏药在当地的临床使用，一方面可以逐步积累藏药在真实世界中的安全性和有效性数据，为产品的医学转化和在全国范围内的推广应用打下基础；另一方面还可以使藏药能直接辐射到五省区1.7亿人口，使更多的人群能够享受到藏药的服务。

（2）地方政府牵头推进藏药和特色诊疗技术在全国的准入和应用

目前国家正式注册批准生产的藏成药品种有290多种，其中仅有40多个藏药品种被纳入到《国家基本医疗保险和工伤保险药品目录》，3个品种被纳入《国家基本药物目录》，纳入目录的藏药数量与临床治疗需求相距甚远，这也大大限制了藏医药产业的发展。藏区的地方政府应该积极建议国家相关部门对藏药给予更多政策支持，在《国家基本药物目录》和《国家基本医疗保险和工伤保险药品目录》中增加有临床治疗优势的藏药品种的数量和比例。

同时，政府应该推动如擦涂、外敷、药浴、火灸等独具特色、性价比高的藏医适宜技术的标准化、现代化和产业化，通过国家中医药主管部门的认证和标准化，将藏医适宜技术在内地医药市场进行推广应用，从而进一步带动相关藏医药文化以及藏医药产品在内地的

推广。

（3）探索严格市场监管下的剂型改革政策

从中药、苗药和藏药的市场现状分析可以看出，适当的制剂改革对于提升传统药的市场接受度帮助甚大。藏药由于起步晚，大部分产品未能获得剂型改革的机会，大量的产品有文号却因为剂型的缺点而无法发挥其临床治疗作用。政府应该在严格监控产品质量的前提下，对于确因剂型、口味等原因不适合服用的产品，借鉴国外的药品监管经验，允许对部分产品在工艺无质的改变的前提下做剂型变更或口味矫正，无须再做临床验证。

（4）鼓励实施更灵活的OTC准入政策

从前一章的藏药产业现状分析可以看出，OTC品种对于藏药产业发展也有巨大的推动作用。尽管藏药产业有零售渠道的营销能力偏弱的问题，但是通过OTC认证的产品数量少无疑也是制约产业发展的一个瓶颈。随着未来消费者自我选择能力的提升和网上药店的迅速扩张，药品的OTC资质更会成为传统药产业发展的瓶颈。藏药大部分产品属于多适应证，目前政策上对于含非OTC适应证的多适应证品种转OTC仍然没有明确规定，而适应证的删减似乎又不属于药审中心、国家药典委员会管理范围，因此藏药产品转OTC变得困难重重。政府应该鼓励安全性好、适合患者自我用药的传统药品种转为OTC产品，并提供一定的政策路径，为患者的自我药疗提供更多的选择。

（5）重视藏药经典名方的注册机遇

面对藏药新药注册进展缓慢的窘境，经典名方注册制度为藏药的新品开发打开了另外一扇窗。按照国家有关部门要求，西藏藏医药管理局将牵头各个省区的藏药管理部门制定适合的藏药经典方目录及相关的细则，如何能够抓住政策制定机遇、使得目录和细则能够体现藏药产业的特殊情况而又不失原则，对藏区的政策制定部门是一个挑战。

（6）推动对《藏药部颁标准》的修订和《中国药典》的准入

由于历史原因和知识水平所限，1995年发布的《藏药部颁标准》有诸多有待修正和提高的地方，如处方翻译问题、说明书表达问题、药材质量标准问题等，该标准在应用25年之后一直没有得到系统的勘误和修订，已经严重制约了产业的发展。由于标准修订牵涉面广、影响大，因此非常需要由五省藏区的技术管理部门动员和组织有关藏医、藏药专家和产业技术团队组成修订组，在国家药典委员会的指导下，对《藏药部颁标准》进行全面的修订和完善。同时由于藏药材进入《中国药典》的品种较少，严重影响了藏成药进入药典的进程，进而对于藏成药和藏药饮片在全国的推行也带来巨大障碍。五省区的藏医药管理部门应该携手组织开展藏药材和藏成药的标准提高以及推动藏药进入《中国药典》事宜。

5.3.2 积极探索以满足市场需求为目的的区域性政策

（1）探索区域性的非药类产品准入策略

从本书第三章产业发展要素分析可以看出，政府政策可以说是传统药产业创新和产业发展的引擎。当前，陕西、吉林、贵州在外用的"健用字"号产品注册政策上有一些大胆的创新之举，为非药准字号的有功效的中药和民族药产品开辟了另外一个出口，带动了当地的产业发展。藏药企业基本都在西部欠发达地区，无论从技术、产品和人才方面都与内陆省份相距甚远。如果藏区地方政府在政策上还是过于保守，那么产业竞争优势的核心要素——品种就会一直落后于其他省区，竞争优势就很难培养起来。藏区的地方政府可以在保证质量和加强市场监控的前提下，适当出台鼓励当地藏药产业发展的器械、消字、健字、妆字产品的细则，以丰富藏药相关衍生产品的产品线。

（2）地方政府推动特色藏药材进入《药食同源目录》

藏药很多特色地产药用资源如蕨麻（俗称人参果）、手掌参、甘青青兰、蔷薇果等在藏区被作为日常功能性食材或者饮食调料，具有非常好的保健养生功能，已经成为藏区寻常百姓的生活食品的一部分。然而，由于藏药错过了进入2002年卫生部公布的《药食同源目录》的机会，很多此类产品至今得不到有效的开发、利用，特色资源不在可开发药材目录内已成为制约藏药产业健康品开发一个瓶颈。由于新资源食品的目录增补所需要的科学研究具有公益性特点，没有技术独占性，同时需要大量的人力和财力投入，藏药企业基本都缺乏开发新资源食品的动力。西藏、青海等地当地政府应该通过发布公益性项目，支持企业或研究院所立题进行大健康方向的药材的功效与安全性研究，鼓励对藏药来源的新资源食品的申报，以实现对藏药药食两用资源的深度产业开发。

5.3.3 加大藏文化传播力度，提高公众对藏医药的接受度

作者所做的消费者网上调研显示，60%的被调研人员都认为藏药很难被接受的原因与藏医药文化传播范围受限有关；不了解藏文化的人只有9%的人群用过藏药，而喜欢藏文化的人群用过藏药的比例则接近50%。因此藏区地方政府可以充分利用藏区的文化特色来促进民众对藏医药的接受。

当前内地消费者对进藏旅游的热情高涨，根据《2018西藏统计年鉴》《2018青海省统计年鉴》，西藏现在每年进藏旅游人次有2000～3000万，青海省每年也有2000万以上。这个庞大的游客群体既是藏医药文化的传播对象，又可以成为潜在的藏医药文化对外传播

者，这是藏药产业发展得天独厚的优势。因此要在藏区打造文化传承基地，支持以企业和社会力量为主体兴建藏医药教育、药材种植、文化展示基地，如藏医药博物馆等。地方政府应该调动一切传播手段，协调运用电视、航空、铁路、报纸等传播媒介的优势，支持运用广告、报道、专题片、电视剧等形式，大规模地给藏药产业和藏文化予以正面宣传，青海省的藏医药文化博物馆对藏医药文化传播就起到了很好的作用。

5.4 重点品种的竞争优势培育实证研究——以藏药青鹏软膏为例

通常藏药企业对独家品种进行创新投入的积极性会高一些，多家品种由于利益分配的问题，企业一般都不愿意进行创新投入。但是由于藏药产业大多为非独家品种，因此本文选取多家企业生产的藏药品种——青鹏软膏，分析经典藏药青鹏软膏从多家生产的《藏药部颁标准》的仿制品种通过渐进性的工艺创新和传统医学知识转化，发展成为当前在皮肤湿疹治疗领域最有影响力的天然外用制剂的过程，为藏药产业在现行的条件下，通过渐进式技术创新＋知识创新的模式实现产品临床价值和市场价值的可行性提供一个例证。

在米内网2018年的藏药销售排名中，青鹏软膏居第3位。在中华中医药学会发布的《中药大品种科技竞争力报告（2018版）》和《中药大品种科技竞争力报告（2019版）》中，藏药青鹏软膏科技竞争力均排在民族药的第1位。

5.4.1 青鹏软膏的历史沿革

青鹏软膏是藏医外用"干黄水"的经典药物，已有400多年的应用历史，在藏医临床中被广泛用于关节肿痛和疱疹等"黄水病"。该方始载于公元十七世纪第司·桑杰嘉措所著《藏医医决补遗》，公元十九世纪乌金丹增编著的《纪要美饰甘露药库》中记载了本方的配方及功能主治，并沿用至今。1995中国药典委员会颁布的《卫生部药品标准·藏药第一册》中将该药的质量标准收载在内，药品名称为"青鹏膏剂"。4家藏药企业西藏林芝奇正藏药厂（西藏奇正藏药股份有限公司的前身）、西藏雄巴拉曲神水藏药有限公司、青海通天河藏药有限公司、金诃藏药股份有限公司根据当时的药政法规，在2000年初先后对该标准进行了仿制，并分别获得了生产许可。

《藏药部颁标准》中收载的青鹏膏剂质量标准（标准编号：WS3-BC-0319-95）项下的【制法】和【功能与主治】如下[14]：

> 【制法】以上九味，除麝香另研细粉外，其余共研成细粉，过筛，加入麝香细粉，混匀，用8岁童尿、猪油或陈酥油调成软膏，即得。
>
> 【功能与主治】止痛消肿。用于痛风、湿痹、"冈巴""黄水"病等引起的肿痛发烧，疱疹、瘟疠发烧等。

青鹏膏剂还作为经典藏药被收录到2000年以及其后各版的"国家基本医疗保险、工伤保险和生育保险药品目录"之中。

5.4.2 渐进性技术创新促进产品产业化

（1）工艺改进实现产品产业化

奇正藏药率先对青鹏膏剂进行了技术创新工作。在对青鹏膏剂进行标准仿制过程中，奇正公司发现该标准存在2个明显的问题，致使产品在产业化和商品化过程中会遇到极大的障碍：① 该药用的辅料童子尿、酥油、猪油都是藏医认为有显著药用功效的辅料，但该类辅料缺乏药用标准，难以质量控制，因此无法实现产业化；另外，酥油、童子尿、猪油气味特殊而且猛烈，内地人群很难耐受，也需要对药品的辅料进行修改。② 藏医的"冈巴""黄水"等名词术语无法为内地医生理解，很难对该药物的功能有准确认知。

因此，尽管其他药厂由于各种原因对原标准进行了原封不动的仿制，但奇正藏药在不改变处方主要药材的炮制、配方、制剂形式的情况下，在仿制之后向药监部门提出了补充申请，申请修改辅料以及在说明书功能主治项下附上藏医术语的名词注释。

修改辅料的内容主要有：将处方的酥油、童子尿、猪油替换成有质量标准的甘油、液体石蜡、水等辅料；在制剂工艺上将容易污染衣物的油膏制剂变成了水包油的乳膏剂型。如此以来，不仅使原料容易获得，而且产品质感好，不容易污染衣物，还增加了药物透过性[15]。

修订后的西藏林芝奇正藏药厂的青鹏膏剂的制剂工艺[16]变成：

> 【制法】以上……，加入液体石蜡、甘油及适量乳化剂和水等在80℃左右搅拌制膏，待降温至38℃时加入人工麝香，搅拌均匀，制成5000g，即得。

对于难以理解的藏医名词术语，采用了在说明书下面增加名词注释的形式[17]，因此修订后的西藏林芝奇正藏药厂的青鹏膏剂的功能主治变成：

> **【功能主治】**止痛消肿。用于痛风、湿痹、"冈巴""黄水"病等引起的肿痛发烧，疱疹，瘟疠发烧等。
>
> **注释**：据藏医文献《四部医典》《医药精华》等记载，冈巴是寒湿凝滞筋脉所致的一种疾病，症状为足部疼痛肿大，然后膝盖、腘窝、大腿、小腿肿胀疼痛，屈伸艰难；黄水病症状为浮肿、水肿、肌肉抽搐肿胀、骨骼疼痛、关节肿胀、伸屈行坐困难等，可见于中医的湿痹，西医的风湿及类风湿关节炎、痛风性关节炎、骨性关节炎、下肢脉管炎、肩周炎以及急慢性扭挫伤等引起的关节和肌肉疼痛肿胀。

修订过的质量标准分别于 2005 年和 2006 年获得国家药监局批准，使得青鹏膏剂的产业化获得了可能。

（2）持续的"渐进式创新"提升产品品质

1）植物纤维粒度的技术攻关。在青鹏膏剂的实际生产过程中，由于原制剂是药材粉碎后投料，植物纤维在粉碎过程中很容易垂直穿过滤网的筛孔，这样根据药典"软膏项下的检测方法"检测的时候，容易出现植物纤维横径超标，影响药品检验的合格率。通过研发低温粉碎技术、水研磨技术等，这个问题得到逐步解决。

2）药材质量标准研究。藏药材经常存在药材基源上不统一的问题。青鹏膏剂处方中的亚大黄、棘豆等都存在多个基源，为了控制药品质量，保证药物的稳定均一，研究人员对不同基源的亚大黄、棘豆等药材进行基于药效、安全性的质量评价，寻找对成品药效和安全性最适合的药材基源，然后在固定基源之后开展大规模种植研究。针对配方里面有铁棒锤这一毒性药材，开展了基于药效和安全性评价的不同炮制工艺的研究，探索最佳的炮制工艺，并实际应用于药品大生产和质量控制。

3）专利设计。为了保护产品的创新，对质量检验方法、制备工艺、剂型等涉及的一系列创新进行专利保护，目前青鹏软膏已经获得授权的专利有 15 项。

4）持续的药品质量标准提升。基于临床前研究和临床研究的数据，在 2009 年国家药典委员会对产品试行标准转正的时候，奇正藏药提出补充申请，修改现有产品的质量标准，并使之成为国家标准（WS3-BC-0319-95-2009），完成了产品质量、医学术语等的进一步规范和提升，修订后的药物名称、检查项和说明书的功能主治变成：

> 【药品名称】青鹏软膏
>
> 【检查】……
>
> 本品每100g 铁棒锤以乌头碱（$C_{34}H_{45}O_{11}N$）计，应不得超过1.0mg。
>
> 【功能与主治】
>
> 藏医：活血化瘀，消炎止痛。用于痛风、风湿、类风湿关节炎，热性"冈巴"、"黄水"病引起的关节肿痛、扭伤肿痛、皮肤瘙痒、湿疹。
>
> 中医：活血化瘀，消肿止痛。用于风湿性关节炎、类风湿关节炎、骨性关节炎、痛风、急慢性扭伤、肩周炎引起的关节、肌肉肿胀疼痛及皮肤瘙痒、湿疹。

青鹏软膏的质量标准变成国家标准之后，其他几个厂家的原质量标准自动升级成了新的标准，全部由过去用酥油、童子尿等为辅料的油膏剂变成了新辅料、新工艺的乳膏剂，说明书也全部根据国家标准做了修订，使其更容易为医生和患者接受，从而带动整个行业在青鹏软膏产品上的技术进步。

5）不断修订说明书"不良反应""注意事项"修订。为保证消费者的用药安全，青鹏软膏不断修订说明书的相关内容。尽管青鹏软膏既往的研究证实对于运动疲劳恢复、耐缺氧能力等有正向的调节作用，但是由于其组方配伍中含有人工麝香，为避免对运动员的影响，青鹏软膏在2008年修订说明书，在注意事项下增加"运动员慎用"字样。之后，根据临床上的应用报道和不良反应监测的结果，又在不良反应项下增加"眶周水肿"等不良反应表述，提醒医生和消费者在用于敏感部位时应该注意用药安全。

5.4.3 藏医特色理论引导下的医学转化和知识创新

青鹏软膏是多家企业生产的经典藏药产品，虽然在藏医临床中应用多年，但产品正式上市前，关于青鹏软膏临床应用的数据并不多。在青鹏软膏进行全国推广的时候，该药适应证多、疗效不清、差异化不突出的问题一一浮现出来。

（1）基于皮肤病领域临床需求的藏医传统知识转化

青鹏软膏被批准的说明书中，所列适应证既有骨骼肌肉系统的关节炎、扭挫伤，也有皮肤病的疱疹、瘙痒等，如何向内地医生解释清楚产品的具体作用方向成为各个青鹏软膏厂家面临的科学问题。由于技术实力和学术研究能力在藏药领域处于领先地位，西藏林芝奇正藏药厂率先开始了这个产品的医学转化工作。

在青鹏软膏上市之初，基于藏医专家调研和临床预实验摸索，企业发现该药在"消肿"即藏医的"干黄水"方面的确效果显著，有一定产品优势，因此上市初期以消除骨骼肌肉系统疾病引起"肿胀"症状作为该药的价值点[18, 19]。但临床应用过程中逐渐发现，临床医生在骨骼肌肉系统疾病的治疗中对疾病病因治疗的关注程度要超过对症状改善的关注，对药物"镇痛"效果的重视要高于对"消肿"的重视。而青鹏软膏与非甾体抗炎药或中药贴膏剂相比，"镇痛"优势并不明显。因此，青鹏软膏的这一"消肿"产品优势与医生在慢性疼痛诊疗中未满足需求并不完全匹配。在产品的其他细分市场领域如脉管炎、疱疹等领域，又都有其他外用制剂如迈之灵、干扰素凝胶等强劲竞争对手，而且这些竞品已经上市多年并建立起了在位优势。

2009年，奇正藏药医学人员通过对藏医学"黄水"及"黄水病"理论研究发现，现代医学临床诊断中的"类风湿性关节炎"、"湿疹"属于不同疾病领域，但在藏医学理论中都是"病理性黄水"所致，在治疗上藏医"异病同治"都是采用"干黄水"的治法，而青鹏软膏是"干黄水"的代表性外用药之一。虽然藏区湿疹发病率不高，藏医在湿疹治疗中用青鹏软膏的机会并不多（藏医有多种治疗湿疹的口服制剂，因此多用青鹏软膏治疗病毒感染相关的疱疹），而且皮肤湿疹和瘙痒方面的市场规模不大，但是该领域存在明显未被满足的对非激素类药物的刚性需求，与湿疹的主要治疗药——糖皮质激素相比，传统药在该领域有可能具有安全性优势，而且青鹏软膏的"乳膏"剂型和"水包油"工艺也使其比较适合皮肤疾病治疗。因此，从藏医理论上看具有可行性，从临床上看有一定的未满足需求，从现代药理机制上看有抗炎止痒作用的可能。进而，该产品开始了几个与之相关的医学转化工作：① 继续藏医黄水病理论的基础研究和文献研究。[20] ② 通过皮炎、湿疹药理模型判断药效及可能的机制。[21, 22] ③ 利用已经有青鹏软膏的医院开展湿疹的真实世界观察。[23]

在开展了几个药理研究和小规模的临床探索性的研究，并相继获得有关的药效和临床有效性结果的基础上，由上海华山医院、北京协和医院、四川华西医院等5家国内著名的三甲医院完成了一个多中心、大样本、随机、双盲、安慰剂对照的临床研究[24]，这也是传统药在湿疹领域的第一个随机、双盲、安慰剂对照的试验，证实了该药在亚急性和慢性湿疹领域的有效性和安全性。之后，青鹏软膏的临床应用研究就逐步转移到皮肤用药领域，同时该药在作用机制方面进行了深入的探索，发现该药止痒的核心通路在于皮肤和DRGs神经元的TRPV4、TSLP、GRP、MrgprA3以及TRPV1、TRPA1，其治疗皮炎的关键药理机制在于调节皮肤组织中T辅助细胞Th_1/Th_2的平衡，而且该药基质对皮肤屏障具有保护作用[25,26,27,28,29]。这一系列的基础和临床研究成果构成了西医医生理解和接受该药的知识链条，成就了该药在皮肤湿疹类传统药物中的领先学术地位[30]。

图 5-10 显示了在 CNKI 上检索到的青鹏软膏相关文献的逐年变化，从中可以看出该药在骨骼肌肉系统相关研究在 2011 年达到高峰之后，开始逐步下降，而皮肤病领域的研究在 2010 年之后呈逐年上升，2013 年后超过骨骼肌肉系统领域的研究数量。

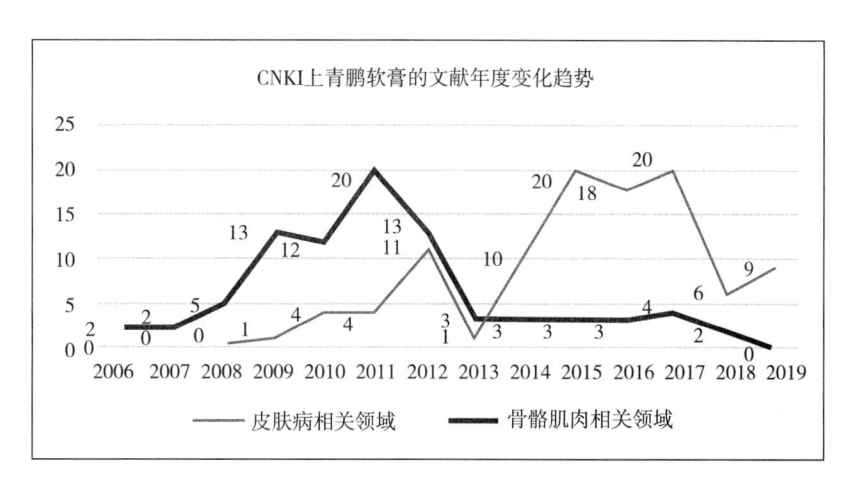

图 5-10 青鹏软膏不同研究方向的文献变化

Fig 5-10 Change trend of Qingpeng ointment research direction from CNKI literature

（2）新适应证领域拓展

鉴于当前儿童湿疹治疗药物缺乏，其中非激素类天然药物更是稀少，而一些成人儿童共用类湿疹中药又普遍缺乏相应的毒理研究以及临床研究证据，青鹏软膏开展了数个儿童湿疹方面的探索性临床科研[31]。2016 年，为进一步观察青鹏软膏对儿童湿疹的安全性和有效性，由中国中西医结合学会皮肤性病专业委员会组织，在国内率先完成了第一个传统药治疗儿童湿疹的多中心、大样本、随机、平行对照临床观察[32]，填补了传统药在儿童湿疹领域的空白。研究结果表明，青鹏软膏在儿童湿疹领域疗效和安全性与对照药物相比均有一定的优势。在成人湿疹临床应用不断增加、儿童湿疹领域缺乏天然药物的基础上，奇正藏药正式向国家药审中心递交增加儿童适应证的申请，目前相关研究正在进行之中。

与此同时，除了对湿疹领域的临床价值进行研究之外，基于对青鹏软膏止痒机制的研究以及相关的临床结果反馈，该药还开展了对牛皮癣、老年性瘙痒等疾病的止痒作用的系列临床研究，发现对其他皮肤病引起的瘙痒也有一定效果[33]。从而把该药的临床应用领域进一步拓展开来，提升了其临床价值。

（3）外用药与适宜技术结合的应用创新

传统的皮肤用药都是在局部涂抹，因为药物有颜色容易污染衣物，往往导致部分患者不愿意接受。而皮肤湿疹治疗的"湿包"技术是国际上比较流行的湿疹治疗方法，目前在陆续引入到中国国内皮肤病临床治疗中[34]。为了提升青鹏软膏的药物治疗效果、增加临床使用的顺应性，青鹏软膏开展了针对药物与"湿包"治疗技术相结合的医药结合方法的尝试[35]，证实了传统外用药与现代新的医疗器械结合使用的增效作用，对传统藏药如何充分吸收国际上先进的治疗技术、提升药物治疗效果和规范临床使用提供了新的思路。

值得一提的是，即使是多厂家生产品种，医学转化工作力度大的企业获益也最大。图5-11显示了不同厂家青鹏软膏近5年在医院市场的份额变化趋势，目前为止，青鹏软膏3次的技术标准提升工作和98%医学研究相关的工作（以发表的医学研究文献计）都与奇正藏药有关，该公司青鹏软膏的市场份额的占比也最高。从这个角度来看，资源聚焦在一个企业进行投入，使得所有厂家的产品都获益，在藏药产业来说也是完全可以实现的。

图 5-11　不同厂家青鹏软膏的市场销售额的变化

Fig 5-11　Changes of market sales of Qingpeng ointment from different manufacturers

总之，藏药青鹏软膏作为藏药产业已上市产品的一个缩影，有悠久的临床使用历史和一定的临床价值，多家生产、质量标准偏低、说明书杂乱，产品的产业化和现代化面临诸多的威胁。但是，通过执行正确的渐进性创新战略，深挖临床需求，将其与产品的知识转化和创新相结合，也使得产品获得了产业化的成功，并带动整个藏药行业同名产品的增长。另外，政府技术监管政策和市场准入政策对于该产品的产业成功也起到非常关键的作用，使得该药在产品进入医保目录、质量标准修订和说明书补充完善过程中，能够比较顺利地实现目标。

从这个案例也可以看出，政策、需求、知识和技术创新、生产要素是藏药产业发展的核心要素，要充分利用政策和需求这些外部要素提供的机会，增强与科研单位、医疗体系的协同知识创新，通过创新培育产业的内部能力，藏药产业才能走出一条基于临床价值的产业发展之路。

需要说明的是，青鹏软膏虽然是骨骼肌肉系统品种，但后期进入的细分领域皮肤湿疹领域并非藏药的优势领域，藏药在皮肤病领域的品种优势和知识优势并不突出，这一点与本文提出的聚焦优势领域的观点似乎并不完全相同。选择该案例的原因，是希望展示即使是在基础薄弱的的领域，通过知识创新和渐进式技术创新也完全能够彰显出传统藏药品种的治疗优势。藏药大品种消痛贴膏，也是采用了同样的产品培养方式，在独家、医保、技术创新、领域优势、外治法等方面优势更明显的情况下，聚焦骨骼肌肉系统，产品培育的效果就更加突出，目前年销售额已超过10亿元。

5.5 小结

藏药产业核心竞争力的培养，要在藏药治疗优势领域的基础上差异化聚焦，基于临床未被满足的需求，定位差异化的细分领域，充分利用已有的产品资源，开发新产品，培育新的营销能力。要增加基础研究投入、重视标准化建设和人才培养，开展协同创新；通过政府政策积极推动市场准入和多样化的产品准入；积极利用藏医药的上游智慧资源，以藏医药知识转化作为新药和藏药大品种二次开发的根基。藏药产业的创新须正视产品基础研究差、行业标准化水平低、企业实力弱的现状，近期内仍然以致力于满足支付方和消费者的需求为主的知识创新和渐进式式创新为主要创新方式。

参考文献

[1] MatthiasVennemann, Vincent Ruland, Jan-Philip Kruse, Christine Harloff, Hubert Trübel, Heike Gielen-Haertwig.Future unmet medical need as a guiding principle for pharmaceutical R&D. Drug Discovery Today. 2019, 24（9）：1924-1929.

[2] UNEP, 2012, Green Economy Sectoral Study: BioTrade-Harnessing the potential for transitioning to a green economy-The Case of Medicinal and Aromatic Plants in Nepal.

[3] 罗晓, 史丽敏, 王汝龙.药物临床价值评价.药品评价.2010, 7（4）：20-24.

[4] 丁一磊.我国医药产业供给侧结构性改革的对策分析[J].中国医药工业杂志, 2019, 50（12）：1509-1515.

[5] 刘炳林, 薛斐然.药物临床价值评估的主要考虑因素及问题[J].中国新药杂志, 2017, 26（5）：504-508.

[6] 张佳文.我国医药业生态位评价与对策研究[D].中央民族大学, 2015.

[7] 陈维武, 孙利华.基于临床价值的藏药二次开发策略——以藏药青鹏软膏为例[J].中国新药杂志, 2019, 28（17）：2056-2061.

[8]郭宗儒主编.《药物设计策略》[M].科学出版社，2012.

[9]李健，赵澄谋.知识价值链研究现状分析[J].情报杂志，2012，31（2）：103-107.

[10]陈维武，孙利华.从知识价值链视角看藏药新药研发策略[J].中国新药杂志，2019，28（17）：2049-2055.

[11]黄福开.论藏药浴的学术内涵及其发展.中国藏学，2002，（2）：26-32.

[12]张丹，王亚芳，张建军.传统藏药旺拉对淀粉样蛋白Aβ致大鼠痴呆的治疗作用[J].中国药理通讯，2006，23（3）：41-42.

[13]段利学.藏药浴与养生保健[J].中国民族医药杂志，2014，20（6）：71-73.

[14]中华人民共和国卫生部药典委员会.中华人民共和国卫生部药品标准藏药第一册[M].1995.

[15]蒋晔，沙先谊，吴娟，等.3种青鹏膏剂经皮行为的比较[J].中国临床药学杂志，2009，18（5）：275-278.

[16]国家食品药品监督管理局药品补充申请批件.批件号2006B02167.

[17]国家食品药品监督管理局药品补充申请批件.批件号2005B00474.

[18]王吉波，谢荣爱，姜秀波，等.奇正青鹏膏治疗急性痛风关节炎的临床观察[J].中国骨伤，2006，19（12）：755-756.

[19]周彩云，潘峥，马芳，等.奇正青鹏膏剂外用治疗类风湿关节炎止痛消肿作用的临床对照试验[J].中国骨伤，2009，22（12）：917-919.

[20]边巴次仁，普穷次仁，陈维武，次仁旺姆，旺姆.藏医对黄水病的认识及其诊疗思路探析[J].亚太传统医药，2019，15（02）：26-27.

[21]王彦礼，包旭宏，王怡薇，等.青鹏膏剂对豚鼠瘙痒及湿疹模型的影响[J].中国实验方剂学杂志，2011，17（14）：233-236.

[22]李云珠.青鹏软膏对特应性皮炎小鼠模型皮肤天然免疫防御分子CRAMP和mBD3表达的影响[C].中国中西医结合学会皮肤性病专业委员会.2013全国中西医结合皮肤性病学术年会论文汇编.中国中西医结合学会皮肤性病专业委员会：中国中西医结合学会，2013：150.

[23]陈少君，宋艳丽，刘青云，等.青鹏膏剂外用治疗慢性湿疹临床观察[J].中国实用医药，2010，5（27）：72-73.

[24]唐慧、杨勤萍，骆丹，等.青鹏软膏治疗湿疹的随机、双盲对照多中心临床观察[J].中华皮肤科杂志，2011，44（12）：838-841.

[25]李园园，李邻峰.青鹏软膏对小鼠实验性刺激性接触性皮炎的抑制作用及可能机制研究[J].中华皮肤科杂志，2012，45（9）：650-654.

[26]李园园，李邻峰.青鹏软膏对小鼠特应性皮炎模型的影响及机制研究[J].中华皮肤科杂志，2013，46（1）：24-28.

[27]Yun-ZhuLi, Xue-YanLu, WeiJiang, and Lin-FengLi. Anti-Inflammatory Effect of Qingpeng Ointment in Atopic Dermatitis-Like Murine Model. Evidence-Based Complementary and Alternative Medicine[J]. Volume 2013, Article ID 907016, 8pages.

[28]Yuanyuan LI, Lin-Feng LI. Topical application of a Chinese medicine, Qingpeng ointment, ameliorates 2, 4-dinitrofluorobenzene-induced allergic contact dermatitis in BALB/c mice. Eur J Dermatol[J]. 2013, 23（6）: 803-806.

[29]Xuan Gong, Hui Xiong, Sisi Liu, Yutong Liu, Liang Yin, Chuyue Tu, Hua Wang, Zhongqiu Zhao, Weiwu Chen and Zhinan Mei. Qingpeng Ointment Ameliorates Inflammatory Responses and Dysregulation of Itch-Related Molecules for Its Antipruritic Effects in Experimental Allergic Contact Dermatitis[DE/OL]. Frontiers in Pharmacology. www.frontiersin.org.April 2019 |Volume 10 | Article 354.

[30]中国中西医结合学会皮肤性病专业委员会环境与职业性皮肤病学组.外用中成药治疗湿疹皮炎的专家共识（2012）.中华皮肤科杂志[J], 2012, 45（12）: 841-842.

[31]郭金竹, 路雪艳, 黄二顺, 等.青鹏软膏治疗儿童局限性皮炎湿疹68例[J].中华皮肤科杂志, 2014, 47（5）: 355-356.

[32]李妍, 徐薇, 杨宝琦, 等.青鹏软膏治疗儿童局限性湿疹的多中心随机对照研究[J].中华皮肤科杂志, 2017, 50（6）: 20-24.

[33]邓家侵.青鹏软膏与肤必润软膏治疗银屑病对比研究[J].新中医, 2015, 47（10）: 75-76.

[34]徐薇.湿包疗法在难治性皮肤病中的应用[C].2017全国中西医结合皮肤性病学术年会论文汇编.中国中西医结合学会皮肤性病专业委员会: 中国中西医结合学会皮肤性病专业委员会, 2017: 52.

[35]徐薇, 李妍, 何东红, 等.外用青鹏软膏湿包治疗慢性限局性湿疹的临床研究[J].中国临床医生杂志, 2018, 46（5）: 423-426.

第六章
结论和展望

6.1 主要研究结论

（1）藏药对某些优势病种有一定的疗效和安全性的优势

通过专家调研和文献回顾，藏药作为有悠久历史传承、至今仍在临床应用的传统药物，其核心治疗优势是安全性好、疗效持久。其优势领域在于神经系统疾病、骨骼肌肉系统相关疾病、消化系统疾病等领域，优势病种有高原红细胞增多症、痛风、慢性萎缩性胃炎、类风湿关节炎等。藏医对痛风、功能性消化不良、类风湿关节炎、慢性萎缩性胃炎、失眠等疾病有疗效优势。研究发现，部分藏药在骨性关节炎、扭挫伤等疾病上有安全性、有效性和经济性的优势。藏医独特的理论和外治疗法是藏药治疗优势的重要原因。

（2）藏药产业有一定的产业基础

藏药产业主要分布在中国的西部地区，西藏、青海是主要的藏药产区。藏药产业集中度较高，大企业、大品种占据主要藏药市场份额。藏药产业具有中低技术产业的特点，规模大的企业多采用制度创新和中低技术创新的模式。藏药产业以全国的综合医院为主要目标市场，独家品种、市场准入是关键的影响因素。藏药品种主要集中在消化系统、骨骼肌肉系统和神经系统用药三大领域。

（3）藏药产业优势、劣势、机会、威胁并存

藏药产业在外用品种、知识资源、政府政策等方面具有一定优势，在消费者对传统药需求、基层对传统药和中医药适宜技术需求方面存在一定机会，也面临着外部的不适宜监管政策以及医改对传统药要求提升等因素的威胁。藏药在传统知识的利用难度以及知识创新能力和创新产出方面存在一定劣势，在知识创新的基础能力建设方面存在不足，技术创新能力不足。藏文化对藏药的推广应用因人群不同而影响不同。

（4）基于竞争优势的藏药产业发展战略

1）在细分领域培育有治疗优势的核心产品。这是近期支撑藏药产业在全国市场生存和

发展的首要战略。藏药企业应该采用聚焦策略，聚焦在骨骼肌肉系统、神经系统、消化系统等核心产品，选择有竞争优势的差异化细分领域和优势病种，以满足未被满足的需求为目标，集中培育治疗优势的潜力藏药品种。

2）持续开发新产品，满足新增健康需求。新品开发属于藏药产业发展和竞争力提升的中长期战略。藏药产业应该利用政府政策支持和外部先进技术，开发药品、器械、健康品等新产品。

3）夯实藏药产业发展的基础。夯实产业发展基础也是提升藏药产业竞争优势的一项长期战略。国家和地方政府应该在政策上加大对藏药创新和产业发展的准入、财力、人力方面的扶持力度；在生产要素上加强对产业协同和公共知识平台的建设，加强标准化和药材培育，夯实藏药产业持续性发展的基础。

（5）通过知识转化实现藏药的现代临床价值

现代医药分工模式导致传统药产业出现"知识断层"，需要通过知识创新来消除这种断层，才能将药物的临床价值和治疗优势精准地呈现出来。藏药产业的知识转化是跨组织、跨文化、多程的知识转化，藏医医疗—企业—现代医疗是转化的核心链条，转译、转换和宜化是产业内知识转化的3个步骤，藏药产业的知识转化受语言、知识共享、创新协作、利益分派、知识冗余等因素的影响。

藏药药品蕴含的临床价值通过产业链上不同环节的知识转化最终传递到终端，实现藏药知识价值的增值。由企业发起的以"药学固化传承、医学转化应用"的知识转化，具有跨藏、中、西3种知识体系、以疾病为核心、实用性高、目标性强的特点，是"传统临床应用—现代临床应用"的转化，通常医学知识转化有"病—病转化""病—症—证转化""临床—基础-临床转化""组合用药—单一用药转化""藏医—中医转化"等不同的方式方法。

（6）通过产业创新提升藏药产业竞争优势

1）基于临床价值的藏药二次开发。

2）"类原始创新"的新药开发。

3）适合家用和基层使用的辅助治疗设备。

4）对资源可持续性好的藏药材进行深度集中开发。

6.2 展望

本文借鉴竞争优势理论和创新理论，通过藏药产品和藏药产业的竞争态势分析，制定藏药产业发展战略，并研究如何通过知识创新使得藏药产业的知识优势得到充分发挥进而形成产业竞争优势。因为文章篇幅和水平所限，本研究未能将 SWOT 分析定量化或引入新的计量经济学模型以增加研究的深度，未来有待进一步深入。

此外，本研究发现文化因素可能对藏药的传播和推广具有双重影响，如何借助文化的传播克服藏药的"文化兼容性"问题是个很有意义的方向。预防保健作用相关的藏药大健康产业也可能会随着营销模式的变革而发展成为藏药产业的下一个重要转型方向。健康产品的影响因素与医疗用途的药品相差较大，未来有必要在这些领域继续开展研究，为藏药产业的发展探索新的路径。

附录

附件1 藏医药、优势领域和优势病种调研问卷

1. 您从事藏医药工作的时间【单选】

　　□5~10年　□10~20年　□20~30年　□30年以上

2. 您认为藏医相对于西医来说在哪些疾病领域方面有优势?【多选题】

　　□脑血管疾病　□心血管疾病　□肿瘤　□消化系统疾病　□肝胆疾病　□呼吸系统疾病　□神经系统疾病　□骨骼肌肉系统疾病　□妇科疾病　□儿科疾病　□泌尿生殖系统疾病　□耳鼻喉科疾病　□眼科疾病　□其他_____

3. 您认为藏医治疗这些优势病种时候的优点是【多选题】

　　□起效快　□不良反应小　□临床治愈率高　□远期疗效好,不复发　□其他

4. 请在下列疾病中选出您认为藏医治疗效果最好的前10位疾病并把疾病的序号依次填在相应的排序括号内【多选题】

　　1. 脑梗死；2. 脑出血；3. 乙型肝炎；4. 肝硬化；5. 胆石症；6. 腰椎间盘突出症；7. 强直性脊柱炎；8. 骨性关节炎；9. 类风湿关节炎；10. 股骨头坏死；11. 痛风；12. 血栓闭塞性脉管炎；13. 慢性肾病；14. 糖尿病；15. 癫痫；16. 慢性阻塞性肺病；17. 慢性支气管炎；18. 慢性盆腔痛；19. 子宫内膜异位症；20. 子宫肌瘤；21. 子宫腺肌病；22. 功能性消化不良；23. 原发性痛经；24. 产后出血；25. 阴道炎；26. 过敏性紫癜；27. 银屑病；28. 湿疹；29. 慢性浅表性胃炎；30. 慢性萎缩性胃炎；31. 胆汁返流性胃炎；32. 慢性肠炎；33. 溃疡性结肠炎；34. 肠易激综合征；35. 角膜云翳；36. 失眠；37. 抑郁症；38. 阿尔茨海默病；39. 厌食症；40. 神经性头痛；41. 面肌痉挛；42. 三叉神经痛；43. 眩晕；44. 原发性高血压；45. 卵巢囊肿；46. 特异性皮炎；47. 痔疮；48. 肛周瘙痒；49. 不完全性肠梗阻；50. 颈椎病；51. 肩周炎；52. 腰椎管狭窄；53. 带状疱疹；54. 急性上呼吸道感染；55. 流行性感冒；

56. 面神经炎；57. 脊髓空洞症；58. 恶性肿瘤；59. 下肢静脉曲张；60. 便秘；61. 闭经；62. 高原红细胞增多症；63. Ⅱ型糖尿病；64. 急性扭挫伤

例如：如果认为藏医治疗效果最好的是功能性消化不良，其次是萎缩性胃炎，则填写相对应的序号22和30于括号内，即1.【22】；2.【30】；如果觉得在某一个序号内，选项里面的疾病都不适合，可以在括号内填写您认为的疾病的病名，如填写7.［帕金森病］。

1.【　】　2.【　】　3.【　】　4.【　】　5.【　】
6.【　】　7.【　】　8.【　】　9.【　】　10.【　】

5. 您认为下列常见的哪些病种是藏医的优势病种？请在您认为的优势病种前面画"√"【多选题】

□脑梗死　□脑出血　□乙型肝炎　□肝硬化　□胆石症　□腰椎间盘突出症　□强直性脊柱炎　□骨性关节炎　□类风湿关节炎　□股骨头坏死　□痛风　□血栓闭塞性脉管炎　□慢性肾病　□Ⅱ型糖尿病　□癫痫　□慢性阻塞性肺病　□慢性支气管炎　□慢性盆腔痛　□子宫内膜异位症　□子宫肌瘤　□子宫腺肌病　□功能性消化不良　□原发性痛经　□产后出血　□阴道炎　□过敏性紫癜　□银屑病　□湿疹　□慢性浅表性胃炎　□慢性萎缩性胃炎　□胆汁返流性胃炎　□慢性肠炎　□溃疡性结肠炎　□肠易激综合征　□角膜云翳　□失眠　□抑郁症　□阿尔茨海默病　□神经性厌食　□神经性头痛　□面肌痉挛　□三叉神经痛　□眩晕　□原发性高血压　□卵巢囊肿　□特异性皮炎　□痔疮　□肛周瘙痒　□不完全性肠梗阻　□颈椎病　□肩周炎　□腰椎管狭窄　□带状疱疹　□急性上呼吸道感染　□流行性感冒　□面神经炎　□脊髓空洞症　□恶性肿瘤　□下肢静脉曲张　□便秘　□闭经　□高原红细胞增多症　□急性扭挫伤

6. 您认为藏药浴治疗效果最好的疾病是哪些？【最多选择3项】

如果认为下列疾病不全，请补充填写在其他_____

□特异性皮炎　□银屑病　□类风湿关节炎　□强直性脊柱炎　□骨性关节炎　□腰椎间盘突出症　□妇女产后病　□痛风　□偏瘫　□脑病　□湿疹　□颈椎病　□水肿

其他_____

附件 2　群众对藏药的了解程度调查

尊敬的朋友，您好。我们在做一个普通消费者对藏药了解程度的调查课题。您的意见对于我们了解藏药在全国范围内的认知程度非常关键，您的意见没有正确与错误之分，我们只关注您的真实想法，同时也会对您的信息进行保密，非常感谢您的支持和帮助。

1. 您的年龄是（　）

　　A.15 岁以下　　　　B.15～25 岁　　　　C.25～35 岁　　　　D.35～45 岁

　　E.45～55 岁　　　　F.55～65 岁　　　　G.65 岁以上

2. 您的性别（　）

　　A. 男　　　　B. 女

3. 您的受教育程度（　）

　　A. 初中及以下　　　B. 高中或中专　　　C. 大专　　　　　　D. 大学本科

　　E. 研究生及以上

4. 您的职业（　）

　　A. 学生　　　　　　B. 农民　　　　　　C. 退休人员　　　　D. 医护人员

　　E. 医药行业相关工作者　　　　　　　　F. 非医药行业的企事业单位工作人员

　　G. 其他

5. 您所在的省市（　）

　　A. 北京　　　　　　B. 上海　　　　　　C. 广东省　　　　　D. 甘肃省

　　E. 陕西省　　　　　F. 四川省　　　　　G. 青海省　　　　　H. 西藏自治区

　　I. 云南省　　　　　J. 重庆市　　　　　K. 其他

6. 您是否到过藏区（　）

　　A. 是　　　　B. 否

7. 提到藏文化，您都了解哪些方面【多选题】（　）

　　A. 不了解　　　　　　B. 点酥油灯、吃糌粑　　　　C. 转山、磕长头

　　D. 虔诚信仰藏传佛教　E. 经幡、转经筒　　　　　　F. 藏戏

　　G. 藏医药　　　　　　H. 藏语　　　　　　　　　　I. 其他

8. 您是否喜欢藏文化（　）

　　A. 不了解藏文化，谈不上喜不喜欢　　　　B. 不喜欢

　　C. 不太了解，愿意深入了解　　　　　　　D. 喜欢藏文化

9. 您是否使用过藏药（　）

　　A. 不知道什么是藏药　　　　　　　　　　B. 知道藏药，但没有用过

　　C. 知道藏药，使用过，效果一般　　　　　D. 知道藏药，使用过，效果满意

　　E. 知道藏药，使用过，效果非常满意

10. 提到藏药，你第一个直观感觉是什么（　）

　　A. 很神秘　　　　　　B. 药材天然纯净、无污染　　　C. 制作工艺落后、原始

　　D. 与宗教文化有关　　E. 药效强、劲大　　　　　　　F. 含矿物药多

　　G. 可能有重金属的问题　　H. 其他

11. 如果你要购买一个中成药时被告知该药是藏药，你会（　）

　　A. 对藏药不懂，担心效果和安全性，所以不会再购买该药

　　B. 无所谓是中药还是藏药，只要有效就行

　　C. 听说是藏药，我会对该药更有信心

　　D. 听说是藏药，我会详细了解情况后再决定是否要购买

12. 请列出您印象最深的至少 3 个藏药的名字 *（　）

　　1.　　　　　　　　　　2.　　　　　　　　　　3.

13. 您了解藏药的途径是（　）

　　A. 医生推荐　　　　　　B. 电视广告　　　　　　C. 网络介绍

　　D. 药店服务人员介绍　　E. 听别人说起　　　　　F. 去藏区旅游知道的

　　G. 用过藏药的人的介绍　H. 其他

14. 您如何看待藏药浴（　）

　　A. 没听说过　　　　　　　　　　　B. 听说过，但不太了解

　　C. 了解一些，可以接受，但没机会体验

　　D. 听说过，没兴趣去体验

15. 您如何看待藏药浴的养生保健作用（　）

　　A. 对药浴不了解，不好评价

　　B. 对药浴的养生保健作用不太相信

　　C. 对藏药浴不了解

　　D. 对藏药浴养生保健作用不太相信

　　E. 愿意去尝试和体验一下藏药浴的养生保健作用

　　F. 其他

附加：如果您愿意尝试藏药浴养生保健，您会比较关注下面哪些方面【多选题】（　）

A. 价格　　　　　　　　B. 体验感　　　　　　　　C. 环境

D. 服务　　　　　　　　E. 按摩手法　　　　　　　F. 保健效果

G. 其他

16. 您认为，相对于中药和西药，藏医药未能被大众所了解和接受的原因有【多选题】（　　）

　　A. 藏区地域偏僻　　　　B. 藏区交通不便　　　　　C. 文化差异

　　D. 对外交流少，比较封闭　E. 传统医药学观念不被接受

　　F. 大众对民族药的轻视和不看好　　　　　　　　　G. 宣传力度低

　　H. 未能与现代医学有机衔接　I. 藏医药人才短缺　　J. 其他

17. 相对于中药和西药，您认为藏医药的优点有【多选题】（　　）

　　A. 不了解　　　　　　　B. 理论独特　　　　　　　C. 藏药材纯净，无污染

　　D. 严格独特的传统炮制方法　E. 疗效好　　　　　　F. 藏药力量强

　　G. 其他

18. 您觉得现在阻碍藏药发展最大的障碍在哪里【多选题】（　　）

　　A. 没有明确的科学依据，过于抽象

　　B. 只依据前人经验，缺乏创新

　　C. 藏医药知识不够普及

　　D. 没有形成良好的教育体系

　　E. 术语深奥，难以理解

　　F. 藏医药文化的宣传少

　　G. 语言交流不便

　　F. 不清楚

19. 您是否使用过中药（　　）

　　A. 不反对服用中药，但没有用过　　　　　　B. 偶尔服用中药

　　C. 经常服用中药　　　　　　　　　　　　　D. 不愿意服用中药

致谢

转眼间5年过去了,回想当年因从事医药产业良久却日感困惑,毅然决定重新回归校园以期探究产业发展根源,一切彷佛还在昨天。

感谢导师孙利华教授在本人求学期间的耐心指导,使得本人能够在从事藏药行业15年之后从一个新的角度对藏药这个行业的价值和发展策略重新进行思考。孙老师治学严谨,思维缜密,在本书成稿过程中从研究方法、研究结论乃至撰写方法等方面一直提供悉心指导,对此表示衷心的感谢。

还要感谢奇正藏药的雷菊芳、边巴次仁、李华鹏、李良等人为本书撰写过程中提供的资料、建议及帮助;感谢与西藏藏医药大学、西藏自治区藏医院等单位的领导和藏医药专家沟通过程中从他们那里得到的宝贵意见和反馈;感谢钟国跃教授以及藏药、苗药、维药企业的同行们在研究过程中提供的帮助。在研究过程中,本人有幸参加西藏科技厅组织的《藏药科技发展现状及对策研究》的编写项目,该项目的参与对本书的启发很大;在关于藏医药科研现状、藏药的藏医用途以及藏药材资源保障情况等的资料搜集过程中,本人还得到边巴次仁先生、索朗先生和明吉措姆博士的大力支持。另外,本文引用的有些数据还参考了奇正藏药公司既往的一些市场研究的成果和北京群英顾问公司何志坚先生的研究结论,在此一并表示感谢。

最后要感谢我的家人在本人攻读学位和本书撰写过程中的全力支持,尤其要感谢我的爱人王慧,她对我的支持和鼓励是我攻难克艰的最大动力。